# KATHRIN AEHNLICH
## Rom New York Markkleeberg

## Vom Unterwegssein

ARCHE
PARADIES

# TRAUMLAND

Seit meiner Kindheit liebe ich das Reisen. Ich schwamm mit Huckleberry Finn auf einem Floß über den Mississippi, reiste mit Jules Verne in 80 Tagen um die Welt, schlief in Onkel Toms Hütte, war abwechselnd Robinson oder Freitag, je nachdem, wonach mir zumute war. Später fuhr ich mit Goethe nach Italien, sah und hörte mit Ingeborg Bachmann Rom. Meiner Fantasie waren keine Grenzen gesetzt. Doch bald wurde mir bewusst, dass ich nie vom Pont Neuf in die Seine spucken, nie der Queen auf ihrer Geburtstagsparade zujubeln würde. Niemals könnte ich eine Münze in die Fontana di Trevi werfen. Je unerreichbarer die anderen Länder waren, desto schöner wurden sie für mich. Als die Mauer fiel, blieb ich zu Hause, weil ich Angst bekam, meine Traumländer könnten nicht halten, was ich mir von ihnen versprach. Ich ging vorsichtig auf Reisen. Dabei habe ich immer ein unsichtbares Gepäck: die Erinnerung an das kleine eingemauerte Land, in dem ich einmal gelebt habe. Ich nehme es überall mit hin. Ob zum Papstbegräbnis nach Rom oder an einen jüdischen Stammtisch in New York. Seine Geschichte ist für mich zu Geschichten geworden, an die ich mich unentwegt erinnern muss.

Für meine kosovo-albanischen Nachbarn ist Deutschland

ein Traumland. Für sie ist Markkleeberg der schönste Ort der Welt, aus dem sie plötzlich nach über einem Jahrzehnt von der Polizei vertrieben werden. Wie Pauschaltouristen mit zwanzig Kilo Gepäck schickte die Behörde sie in eine Heimat zurück, die ihnen längst fremd geworden war. Nach Nirgendwohin. Jetzt leben sie dort wie im Exil. Ich bin mit dem Linienbus von München nach Pristina gefahren und habe sie besucht. Sie haben mir erzählt, wie sie sich jeden Tag in die kleine Stadt Markkleeberg zurückträumen, an einen Ort, in dem sie nach deutschen Gesetzen nie wieder leben dürfen.

# SANTO SUBITO

Es begann mit einer SMS. Fahre zur Papstbeerdigung, schrieb eine Freundin. Und ich schrieb zurück: Bin schon da.

Sofort klingelte mein Telefon. Wieso ein Scherz? Du wolltest doch schon immer nach Rom fahren.

»Mit Büchern die Welt kennenlernen« stand in den Achtzigerjahren an einer Buchhandlung in der Leipziger Innenstadt. Und es war zu vermuten, dass es nicht Ironie, sondern bitterer sozialistischer Ernst war. Ich nahm diese Aufforderung wörtlich. Auf der Suche nach Reisebegleitern traf ich auf Ingeborg Bachmann. Ich sah und hörte mit ihr Rom. Ich sah, dass der Tiber nicht schön ist. Ich sah die Arbeiter auf der Ufermauer sich den Schatten der Platanen über den Kopf ziehen. Ich hörte die Geldstücke in das Wasser der Fontana di Trevi eintauchen, und ich wünschte, dass mir jemand seinen Anspruch auf Rückkehr überlassen würde. Jahrelang lebte ich mit fünfeinhalb Seiten Sehnsucht, die ich mir im Buchladen mühsam erobert hatte.

Und dann fiel die Mauer. Ich bereiste Italien, fuhr nach Venedig, Siena, Palermo. Aber nie nach Rom. Vielleicht war es Angst, die Angst, dass diese Stadt nicht halten könnte, was ich mir von ihr versprach.

Es gibt keine Flüge, sagte ich.

Doch, sagte die Freundin, Pilgerflüge mit Lufthansa.

Die sind alle ausgebucht.

Hast du es versucht?

Es gab noch genau einen Flug mit einem einzigen freien Platz. Am Morgen um sechs Uhr. Von Leipzig über Nürnberg nach Rom. Und ich musste mich sofort entscheiden. Es war wie bei dem letzten Stück Kuchen, das auf dem Teller liegt.

Ich nehme ihn, sagte ich.

Ich sagte es, obwohl nur noch wenige Stunden Zeit waren, obwohl ich am nächsten Tag einen wichtigen Termin hatte und obwohl mein Kontostand mir jegliche Ausgaben verbot. Weder Zeit noch Geld – waren das nicht wunderbare Voraussetzungen für eine Reise? Ganz abgesehen davon, dass ich keine Unterkunft hatte.

Aber auch das fügte sich auf wundersame Weise, das erste Hotel, das ich anrief, hatte ein Zimmer frei, das letzte Einzelzimmer zur ruhigen Hofseite. Sollte ich jetzt beginnen, an Vorsehung zu glauben?

Der Taxifahrer, der mich zum Flughafen fährt, hält mich für verrückt. Nach Rom? Bei diesen Preisen? Eine Kugel Eis für vier Euro, er habe es im Fernsehen gesehen, mit eigenen Augen, täglich verdoppelten sich die Preise.

Vielleicht bin ich wirklich verrückt? Ich bin weder Katholikin noch getauft. Ich war fast dreißig Jahre alt, als ich zum ersten Mal die Bibel las. Im Fach Weltliteratur am Literaturinstitut. Jetzt fahre ich zu der Beerdigung eines Mannes, den ich nur einige Male im Fernsehen gesehen habe, zufällig beim Durchzappen. Meist war es zu Ostern gewesen. Dann sah ich ihn auf der Loggia des Petersdoms stehen, verfolgte die fremden Rituale, das Auf und Ab der Kardinäle. Ein Theaterstück, das einer mir unbekannten Dramaturgie folgte. Und doch wagte ich nie weiterzuschalten und harrte aus bis »frolische Oosterrn«.

Ein bisschen schäme ich mich, dass ich das Flugzeug nehme. In meinen Träumen war es immer der Zug gewesen. Roma-Termini: Wie eine Kostbarkeit hatte ich mir das Wort auf der Zunge zergehen lassen. Nach tagelanger Reise würde ich aus dem Zug steigen, ohne Koffer, in meiner Vorstellung von Freiheit gab es kein Gepäck. Es würde warm sein, vielleicht etwas Wind, und ich würde über den leeren Bahnsteig langsam zum Ausgang laufen.

Aus Sentimentalität nehme ich den Expresszug vom Flughafen nach Termini. Und büße diesen Selbstbetrug. Pilger fahren mir mit ihren Rollkoffern über die Füße, Rucksäcke schlagen gegen meinen Kopf. Die Nonne vor mir bleibt plötzlich stehen, dreht sich um und richtet ihre Videokamera auf mich und die drängelnde Masse. Engländer, Franzosen, Polen, Alte, Junge, Dicke, Dünne, wäre nicht die Nonne, könnte es auch die Anreise zu einem Stones-Konzert sein.

Die Freundin, mit der ich mich treffen will, ist nicht zu erreichen. Was soll ich tun? Den Versuch unternehmen, mich am Heiligen Stuhl zu akkreditieren?

Das Büro liegt am Anfang der Via della Conciliazione. Die Warteschlange reicht bis auf die Straße. Wenn ich mich umdrehe, kann ich den Tiber sehen. Oder besser: Ich könnte ihn sehen. Der Blick ist verstellt von zahllosen Übertragungswagen, von Satellitenantennen, von einer zehn Meter hohen Pressetribüne. Zwischen den Füßen der Kameramänner sehe ich die Spitzen der Platanen am Lungotevere Vaticano. Oder sind es die Köpfe der Pilger, die auf der Ufermauer sitzen?

Unter den wartenden Journalisten herrscht Verwirrung, welche Unterlagen sind nötig, wo kann man einen Ausweis kopieren, braucht man wirklich zwei Passbilder?

Ich fülle ein mehrere Seiten langes Formular aus, beantworte Fragen zu meiner Herkunft und meinem Beruf. Die einzige Frage, die mir zu meiner Verwunderung nicht gestellt wird, ist die nach meiner Religion. Was antworte ich, wenn ich danach gefragt werde?

Niemand fragt. Für fünf Euro Bearbeitungsgebühr bekomme ich eine Plastikkarte: Sala Stampa della Santa Sede – Presseamt des Heiligen Stuhls, Temporaneo nuove centocinquanta due. Ich bin eine Zeitweilige mit der Nummer 952.

Als ich endlich wieder im Freien stehe, wird mir schwindlig. Ich habe seit zwanzig Stunden nichts gegessen. Ich suche nach einer Bar. Mit meiner neuen Zauberkarte darf ich die Fahrbahn überqueren, wo immer ich will. Carabinieri schieben für mich die Absperrgitter beiseite. Ich laufe dreimal hin und her, bis ich es wirklich glauben kann.

Und dann sehe ich den Petersdom. Wie eine Fata Morgana taucht er plötzlich am Ende der Straße auf. Gehüllt in das sanfte Licht des Nachmittags, das die Konturen weich werden lässt. Mit selbstverständlicher Eleganz schwebt die Kuppel der Kirche über dem Platz. Ich ziehe meine Heilige Schrift aus der Tasche, um schwarz auf weiß den Satz zu lesen, den ich seit Jahren auswendig weiß: »In Rom sah ich, daß die Peterskirche kleiner erscheint als ihre Maße und doch zu groß ist.«

Und ich finde endlich eine Bar, einen Platz im Freien, und ich sitze im T-Shirt in der Sonne und esse Spaghetti mit Tomaten und frischem Basilikum. Ich trinke ein Glas Weißwein und sehe auf den Pilgerstrom, der eingedämmt von Absperrgittern gemächlich auf den Petersplatz zufließt. Die Quelle liegt irgendwo hinter der Engelsburg, vielleicht in Termini, wo die Pilger aus den Zügen sprudeln. Heiter und gelassen, ganz ihrem Schicksal ergeben, treiben sie jetzt auf die Kirche zu.

Nur auf der anderen Seite der Absperrgitter herrscht Hektik, dort drängen sich die Journalisten, um Töne aus dem Fluss zu angeln. Töne von rot-weißen Polenfischen, Trachtenfischen aus den Beskiden, schwarz-weißen Ursulinen oder azurblauen asiatischen Nonnenfischen. Hin und wieder springt ein Journalist mit einer Kamera durch eine Lücke zwischen den Gittern in die Flut, um kurz darauf schnell wieder ans rettende Ufer zurückzukehren.

Die Entscheidung, mich ebenfalls anzustellen, wird mir von der italienischen Polizei abgenommen. Sie hat die Quelle zum Versiegen gebracht. Tut mir leid Signora, sagt ein Carabiniere. Und er fügt mit einem Blick in Richtung Petersplatz hinzu: Ich glaube nicht, dass sie es alle schaffen werden.

Ich könnte mich vordrängeln, doch ich habe keine Lust mehr, meine Zauberkarte zu benutzen.

Und dann sehe ich den Papst. Er liegt aufgebahrt vor mir, von Soldaten der Schweizergarde bewacht. Auf einer riesigen Videowand in der Via della Conciliazione.

Ich denke an die Bilder zu Ostern, an seine verzweifelten Versuche, zu sprechen. Der weit geöffnete Mund über dem Mikrofon, die endlose Stille, die aus den Lautsprechern kam. In diesem Jahr gab es kein »frolische Oosterrn«.

Jetzt liegt er aufgebahrt in der Peterskirche, ein kleiner, bleicher Mann im rot-weißen Gewand. Nur die Schuhe scheinen nicht so recht zu passen. Schmale braune Frauenschuhe mit glatten Sohlen. Schuhe, die bereits nach den ersten Metern drücken würden.

Der erste aufgebahrte Tote, den ich gesehen habe, war Lenin. Der Mausoleumsbesuch gehörte zum vorgegebenen Programm einer »Jugendtourist«-Reise nach Moskau: das Lenin-Museum, die Allunionsausstellung, die Gräber an der Kremlmauer. Vor dem Mausoleum auf dem Roten Platz warteten die Besucher in einer exakt ausgerichteten Zweierreihe. Bei minus zwanzig Grad ertrugen sie widerspruchslos, dass sich unsere Gruppe direkt vor dem Eingang einreihen durfte. Wir gingen eine Treppe hinab, es war düster und eng. Wir schritten im Takt tragischer Musik und lasen das Schild: Stehenbleiben verboten.

Lenin bestand aus einem von innen heraus leuchtenden Kopf und Händen, die auf einer Sowjetfahne ruhten. Der hat bestimmt eine Glühbirne im Kopf, flüsterte ein Mädchen hinter mir. Wir lachten und wurden von einem Rotarmisten verwarnt.

Die Stimmung in Rom ist heiter und erinnert an ein Volksfest. Die Pilger hinter den Absperrgittern winken uns zu, und alle in der Bar winken zurück.

Die gegenüberliegende Straßenseite gleicht einem Campingplatz. Isomatten, Schlafsäcke, auseinandergefaltete Pappkartons. Es ist ein polnischer Campingplatz.

Die Sprache ist mir vertraut, obwohl ich kein Wort verstehe.

Meine ältere Schwester lernte die Sprache unseres Brudervolkes in der Schule. Und mit vier Jahren stand ich auf unserem

Küchentisch und sang für zwanzig Pfennige Eintritt vor ihren Schulfreundinnen: *Jeszcze Polska nie zginela ...* Noch ist Polen nicht verloren.

Polen war uns immer einen Schritt voraus. War avantgardistischer, mutiger, kritischer. Polen war Kunst: Film, Theater, Jazz. Wir bewunderten Andrzej Wajda, Krzysztof Kieślowski, Gombrowicz, Iwaszkiewicz. Wir standen in Leipzig am polnischen Kulturzentrum nach Schallplatten an. Mein erstes Rockalbum waren die beim Warschauer Label pronit erschienenen »20 England's top smash hits«.

Ich nahm es hin, dass die Hits von einem Sinfonieorchester gespielt und von falschen Roger Chapmans und Paul McCartneys gesungen wurden. So wie ich es hinnahm, dass die polnischen Jeans nur entfernt mit ihren amerikanischen Schwestern verwandt waren.

Polen hatte für uns immer einen Hauch Amerika. Es hieß, jeder Pole habe einen Onkel in New York. In Polen konnte man sich Dollars ertauschen, es gab auf den Schwarzmärkten echte Levi's und echte McCartney-Platten und selbst für Złoty bekam man Dinge, die es in unserem Land nicht zu kaufen gab. Einzig die Zollkontrolleure behinderten unsere Geschäfte, und es war unserer Fantasie überlassen, auf welche Weise wir unsere Beute über die Grenze schmuggelten.

Meine erste Polenreise war eine Handelsreise gewesen. Monatelang hatte ich Geld gespart und mich darauf vorbereitet. Nur mit meinem Personalausweis in der Hosentasche und dem am Körper versteckten Geld fuhr ich zur Grenze. Während wir in der Sowjetunion von Reiseleitern beschützt wurden, durften wir Polen auf eigene Gefahr betreten. Ich genoss den Fußweg zwischen dem DDR-Kontrollposten und dem polnischen

Wachhäuschen. Auf diesen wenigen Metern war ich entlassen aus allen politischen und, was nicht zu unterschätzen war, auch aus allen familiären Zwängen. Unterwegs sein war Freiheit. Das wussten wir, seit wir mit Kerouac *on the road* waren. Und genau dieses Unterwegssein war mein Problem. Ich wollte alles, was ich zum Leben brauchte, auf meinem Rücken tragen können. Leider bescherte mir der volkseigene Handel nur grüne Stoffrucksäcke, die an Nachkriegsschmuggel erinnerten. Ich träumte von einer Kraxe aus Nylonstoff mit einem Aluminiumrahmen. Das Objekt meiner Begierde stand in einem grenznahen polnischen Campingladen. Der Preis war horrend und entsprach meinem monatlichen Stipendium. Doch das war ein mit Sparsamkeit lösbares Problem. Die größere Schwierigkeit lag in den limitierten Umtauschsätzen. Zwanzig DDR-Mark hätte ich für meinen ersten Reisetag tauschen dürfen und dreißig Mark für jeden weiteren. Um den Kaufpreis »anzusparen« und damit das Recht auf eine straffreie Rückkehr zu haben, hätte ich mich mehrere Tage hungernd in Polen aufhalten müssen. Also musste ich kriminell werden. In einer Toreinfahrt tauschte ich bei einem Schwarzhändler meine Ersparnisse gegen Złoty und schwebte kurz darauf mit einer orange leuchtenden Kraxe in Richtung Grenze. Stolz spiegelte ich mich in einer Schaufensterscheibe. Doch was ich sah, ließ mich erstarren: Zwar wunderschön, aber schlaff hing die Kraxe an meinem Rücken. Jeder noch so dumme Zöllner würde mein Vergehen sofort erkennen: Bürgerin, woher haben Sie das Geld? Ich brauchte Gepäck, um die Fächer zu füllen. Doch alles, was ich besaß, trug ich am Körper, und mein Geld war ausgegeben. Nach langem Überlegen blieb nur eine Lösung, die schmerzte. Ich ging in einen nahe gelegenen Park, suchte abgebrochene Zweige und Blätter und stopfte damit alle Fächer aus. Dann zögerte ich einen Moment, bevor ich eine Handvoll feuchte Erde nahm und so lange über den wunderschönen, orange leuchtenden Stoff rieb, bis die Kraxe aussah, als wäre ich wochenlang über die Beskiden gewandert. Während ich mich mit schwindender Kraft durch das Niemandsland zum Kontrollposten schleppte, wäre ich bereit gewesen, ein Leben lang mit einem grünen Stoffrucksack auf Reisen zu gehen.

Jetzt sitze ich mit meinem Aufnahmegerät zwischen polnischen Rucksäcken auf einer polnischen Isomatte und strecke mein Mikrofon in die Luft. Ich »fange« Töne und bemerke die Irritation, den Blick auf meinen Kopfhörer, das Warten darauf, dass ich anfange, Fragen zu stellen. Eine Zeit lang sprechen alle leiser, doch als nichts geschieht, gehen alle wieder ihren Beschäftigungen nach. Ein Mädchen sucht eine Toilette, eine andere telefoniert mit ihrem Freund. Aus den Lautsprechern perlen Gebete. Ein Pick-up kommt, zwei Carabinieri laden eine Palette Mineralwasserflaschen ab, das Auto fährt weiter, und alle um mich herum versinken wieder in Liturgien. Nur wenn aus dem nahe gelegenen Vatikan ein Kardinal die Straße entlangkommt, sehen sie auf und applaudieren. Sie feiern ihn wie ein Idol, und der Kardinal lächelt, und ich warte darauf, dass er Autogramme gibt.

An dem Laternenmast neben mir kleben Zettel, Zeitungsausschnitte, Fotografien. Der junge Karol Wojtyła mit abstehenden Ohren. Karol inmitten seiner Schulfreunde, als Priester in Krakau, als Skifahrer auf den Hängen der Marmolada, als Wanderer in den Dolomiten. In der rechten Hand hält er einen Wanderstock, mit der linken rafft er seine weiße Soutane, sodass jeder seine Schuhe sehen kann, Bergschuhe aus festem Leder mit Profilsohle.

Um den Mast herum stehen Kerzen und Blumen und liegen Briefe. Wünsche, Versprechungen, Grüße. Eine Wandzeitung für den Papst. Freiwillig. Ohne gewählten Wandzeitungsredakteur und Gruppenratsvorsitzenden.

Immer wieder tauchen Journalisten auf, bewaffnet mit Akkugürteln und Kameras. Ein kurzer Weißabgleich, ein Schwenk über die Fotos und Briefe, dann ziehen sie weiter.

Wir sind hier nicht in einer Fernsehshow, sagt ein Junge, und ein Mädchen antwortet: Al papa lo piacerebbe. Dem Papst würde es gefallen.

Dieser Satz bleibt unwidersprochen.


In den öffentlichen Mitteilungen der DDR spielte der Amtsantritt Karol Wojtyłas kaum eine Rolle. Im Herbst 1978 hatten wir eine andere Verbindung zum Himmel. »Unser Siegmund Jähn« war zu den Sternen geflogen und grüßte uns als Held von allen Zeitungsseiten. Höher! Schneller! Weiter! Hatten wir noch in der Disziplin »Mondlandung« knapp das Ziel verfehlt und mit Lunochod nur ein ferngesteuertes Fahrzeug auf den Mond geschossen, war es uns nun gelungen, »den ersten Deutschen« ins All zu bringen. Zu meiner Verwunderung schien sich keiner der Genossen daran zu stören, dass wir mit dieser Formulierung das gesamte Deutschland für unseren Sieg in Anspruch nahmen. Anders die »Westpresse«. Statt sich über die verbale Wiedervereinigung zu freuen, sahen sie in dem sächsischen Dialekt des Vogtländers Jähn eine Entwertung des gesamtdeutschen Fluges. Uns war das egal. Einmal mehr waren wir die Sieger der Geschichte. Was interessierte uns da der Papst in Rom. So dachte ich damals.

Doch ein nachträglicher Blick in den Briefwechsel des Politbüros zeigt die Beunruhigung der Genossen. Bereits 1979 schrieb Erich Honecker nach Moskau: Ich fürchte, das sozialistische Polen geht uns verloren.

Obwohl die Carabinieri keinen Zugang mehr gewähren, stehen noch immer Pilger hinter den Absperrgittern in Richtung Petersplatz. Hoffnungsvoll blicken sie zur Videowand. Was wird sie erwarten, in einer Stunde oder in drei oder in fünf? Wird ihnen die Kamera ins Gesicht blicken, genau in dem Moment, in dem sie an dem offenen Sarg vorüberlaufen? Werden sie dann weinen, vor Ergriffenheit und vor Erschöpfung? Werden sie noch die Kraft haben, ihr Handy zu zücken?

Auf der Videowand leuchten die blauen Displays, der tote Papst im Blitzlicht seiner Fans.

Und die Pilger in der Via della Conciliazione schwenken ihre Fahnen und recken ihre Transparente in Richtung Videowand, als wollten sie ihrem Idol zeigen, was sie ihm mitgebracht haben: Blumengeschmückte Papstbilder, »Krakau grüßt Rom«, »Grazie Papa« und immer wieder Solidarność-Plakate.

Eine unabhängige Gewerkschaft? Undenkbar in der DDR. Der »Freie Deutsche Gewerkschaftsbund« war fest in staatlicher Hand. Über das Wort »frei« im Namen machte sich kaum jemand Gedanken. Auch ich war, dem Herdentrieb folgend, mit Eintritt in mein Berufsleben Mitglied geworden. Der »FDGB« verteilte Urlaubsplätze, kassierte Beiträge und verpflichtete zu lästigen Versammlungen. Zwar stand in der Verfassung: »Die Gewerkschaften sind unabhängig. Niemand darf sie in ihrer Tätigkeit einschränken oder behindern.« Aber wer las schon die Verfassung? Eigentlich hätte es heißen müssen: »Niemand will sie in ihrer Tätigkeit einschränken oder behindern.« Und dann gründeten die Polen Solidarność. In meiner Stadt verbreitete sich das Gerücht, jemand habe Flugblätter in den Treppenschacht des Centrum-Warenhauses geworfen. Niemand hatte dafür einen Beweis, denn die Polizei hatte das Kaufhaus sofort gesperrt und alle Zettel eingesammelt. Doch schon allein das Nachdenken darüber genügte, um mich in innere Unruhe zu versetzen.

Am ersten Jahrestag der Solidarność-Gründung trafen wir uns in der Leipziger Ostvorstadt in der Wohnung eines Freundes. Passend zum Anlass präsentierte er uns stolz eine neue Geliebte, eine gebürtige Polin. Wir saßen um brennende Kerzen herum auf dem Fußboden, aßen den von der Freundin gekochten Bigos, tranken Tee, rauchten und hörten polnischen Jazz. Dann kam die Polizei. Wir wurden einzeln in den Hausflur gerufen, mussten unsere Ausweise zeigen. Wir gaben zu Protokoll, dass wir Tee getrunken und Musik gehört hätten. Einfach so?

Einfach so.

Auf der Videowand fällt die Mauer.

Neunzehnhundertneunundachtzig, am alles entscheidenden 9. Oktober, war ich in Krakau. Ausgerechnet in dem Moment, in dem in Leipzig »polnische Verhältnisse« herrschten, fuhr ich nach Polen.

Das Land, in das ich hineingeboren worden war, feierte seinen vierzigsten Geburtstag, und unsere Partnerstadt wollte mit uns feiern.

Bewacht von zahlreichen Kulturfunktionären und Journalisten, war ich auserwählt, meine Stadt zu vertreten. Die Einladung kam für mich unerwartet. Ich war weder Mitglied im Schriftstellerverband noch in der Partei und mittlerweile auch aus der Gewerkschaft ausgetreten. Auch meine Mitreisenden passten nicht in die bekannten Muster. Angela Krauß hatte mit ihrem Buch *Das Vergnügen* zwar die Leser erfreut, nicht aber die Kulturfunktionäre, und auch die Rockband *Amor and the Kids* war kein sich aufdrängender Repräsentant des Sozialismus. Sollte mit uns eine neue »Offenheit« demonstriert werden, oder waren wir die Dummen, die sich für diese Reise gefunden hatten?

Es war das erste Mal, dass ich Leipzig ungern verließ, eine Stadt, in der die Menschen auf die Straße gingen, ohne Aufforderung des Staates. Nach und nach öffneten sich die Kirchen, Friedensgebete für Nichtchristen, die Kirche als unantastbarer Ort, als politischer Ort. Darf man Gott um Reisefreiheit bitten?

In den Pilgerstrom in der Via della Conciliazione kommt plötzlich Bewegung. Eine Lücke tut sich auf, und alle laufen los. Sie rennen und schwenken ihre rot-weißen Fahnen. Einfach so. Es gibt keine Tribüne, an der sie vorübermarschieren, keinen Sprecher, der sagt: Wir begrüßen die Werktätigen des VEB Schwermaschinen-Kombinats Edward Gierek. Sie laufen durch Rom und tragen stolz die Fahne ihres Landes.

Unter welcher Fahne würde ich durch die Straßen ziehen?

Ich habe das eine Land verlassen und bin in dem anderen noch nicht angekommen. Ich bin auf der Suche nach einer »zweiten Heimat«, ohne je eine erste gehabt zu haben.

Auf dem polnischen Campingplatz beginnt die Abendbrotzeit. Als Tischdecke dient eine auf den Boden gelegte Zeitung. Der Rucksack ist die Speisekammer. Wie Schätze werden die Speisen aufs Papier gelegt. Ein Stück Salami auf die Schlagzeile »Wojtila il papa della bellezza«, drei Tomaten über den aufgebahrten Papst. Dann wird mit dem Taschenmesser geteilt. Vorsichtig, damit die Tischdecke keinen Schaden nimmt.

An allen Straßenecken verteilen Carabinieri Mineralwasser. Flasche um Flasche. Eine sanfte Geduld hat diese Stadt durchdrungen. In der Dämmerung leuchten die ersten Kerzen. Weinflaschen werden entkorkt.

Rom rüstet sich für die Nacht. Die letzte in dieser Zeitrechnung.

Nonnen verteilen Wolldecken und Folien. Nein, diese ist leider reserviert für alte und kranke Menschen. Mamma mia! Aber nehmen Sie doch eine Folie, am besten zwei. Mit einer können Sie sich nur hinsetzen und nicht zudecken. *Una per la signora anziana.* Ein Junge überlässt einer älteren Frau seine Decke. Nein, nein, kein Problem, er habe doch seinen Pullover. Ein Meer von Brüdern und Schwestern. Ein heiliges Woodstock. Freiheit, Gleichheit, Brüderlichkeit. Erlebe ich hier die Ideale, nach denen der Sozialismus immer gestrebt hat?

Wer hätte gedacht, dass ein sozialistisch erzogenes Volk einmal Zuflucht in Kirchen suchen würde, immer montags, wenn die Arbeitswoche begann? Plötzlich entdeckten viele Leipziger das gemeinsame Beten. Nach dem Gottesdienst standen sich auf den Straßen die Kirchenbesucher und die Polizisten, die den Platz absperrten, gegenüber. Als Feinde? Oder doch nur als Nachbarn? Ich erinnere mich an einen jungen Mann, der einem Polizisten ins Gesicht sah und ganz ruhig fragte: Würdest du auf mich schießen, wenn man es dir befiehlt?

Ich laufe in Richtung Petersplatz. Wenigstens im Presseamt herrscht noch Chaos. Alle warten auf das *bollettino* für den morgigen Tag. Werden wir an der Zeremonie teilnehmen können? Wenn ja, wo? Warum dürfen nur die Fernsehjournalisten auf dem Dach der Kolonnaden stehen? Immer diese Bevorzugung! Denkt keiner an die Fotografen?

Vom Radio redet niemand. Eine Trauerfeier nur mit einem Mikrofon aufzunehmen, erscheint allen absurd.

Wir haben das Hören verlernt. In meiner Kindheit war das Radio für mich ein Familienmitglied. Jeden Abend, beim letzten Ton des Zeitzeichens, versammelten wir uns vor dem großen, nussbraunen Holzkasten der Marke Sonneberg und hörten gemeinsam die Nachrichten, das *Echo des Tages* und danach Hörspiele oder Ratesendungen. Dabei wurde ehrfürchtig geschwiegen und jedes Flüstern mit einem mahnenden Blick von meinem Vater bestraft. Das Radio verband uns mit der Welt, aber vor allem mit Westdeutschland, das so nah und doch so fern war. Wir schalten nun in den großen Sendesaal des Norddeutschen Rundfunks! Mit dem Radio war alles erreichbar, Hamburg, Köln, selbst der Mond. Am Abend der Mondlandung, die eigentlich eine Schmach für uns war, saßen wir vor dem Radio und hörten die Sondersendung. Vorsichtshalber in Zimmerlautstärke nahmen wir Anteil am Schicksal unserer Feinde. Es dämmerte. Nach und nach verschwanden die Möbel um uns herum, und je dunkler es wurde, desto mehr begann die Skala des Radios zu leuchten. Keiner von uns wagte, eine Lampe einzuschalten. Immer wieder wurde die Landung verschoben. Wir saßen im dunklen Wohnzimmer und hörten die Funksprüche aus Kommandozentrale und Weltall. Hallo, Houston, können Sie mich hören? Mit verhaltener Stimme teilte uns der Moderator mit, dass der Treibstoff knapp wurde. Wir wagten nicht, ins Bett zu gehen. Gebannt starrten wir auf die leuchtende Skala des Radios, hinter der sich das Drama abspielte. Wir waren Bestandteil einer riesigen Konferenzschaltung. Die kleinste Bewegung würde alles zerstören. Und dann überschlugen sich die Funksignale, und der Moderator schrie den Satz, den ich niemals vergessen werde: Hallo, Houston, sind die Landebeine ausgefahren?

Ich hocke in der Stadt meiner Träume auf einem Stapel Mineralwasserflaschen und halte mein Mikrofon durch die Absperrung auf den Petersplatz. In dem Moment, in dem ich mir Kopfhörer aufsetze, verändert sich die Welt. Jetzt bin ich wieder das Kind vor dem Radio. Die Dinge rücken näher. Ich höre meterweit entfernte Schritte. Gespräche, die nicht für mich bestimmt sind, einen Hubschrauber, der in der Dunkelheit über Rom kreist. Wie ein Mäander zieht sich die Schlange der Pilger über den Petersplatz. Und wenn ich den Atem anhalte, dann höre ich sie singen, und ich höre das Klatschen und die »Karol, Karol«-Rufe. Und ich beneide sie. Ich beneide sie um ihre Fähigkeit, zu glauben.

Ich war immer nur ein Sympathisant. Kirchen waren für mich Orte, an denen vom Staat ungeliebte Liedermacher sangen, Schriftsteller aus ungedruckten Manuskripten lasen oder Schwerter zu Pflugscharen geschmiedet wurden. Es waren Kulturveranstaltungen, an deren Ende wir, weil wir nicht unhöflich sein wollten, die Hände falteten und mit dem Pfarrer das Vaterunser sprachen. Ein Gebet, als Lohn für seine Mühe.

Auf der Videowand auf dem Petersplatz wird ohne Unterlass gebetet. Auf Italienisch, auf Französisch, auf Englisch, auf Spanisch, auf Polnisch. Ein religiöses Delirium. Te rogamus, audi nos. Herr, erhöre uns!

Mein Mikrofon hört alles, und wie manisch nehme ich alles auf. Wieder und immer wieder. Wozu? Ich weiß es nicht. Wie andere Briefmarken sammeln, sammle ich Töne. Ich habe nach dem Mauerfall damit begonnen, und nun kann ich nicht mehr aufhören damit.

Jemand berührt meine Schulter. Ich schrecke zusammen. Ein Carabiniere. Er deutet auf meinen DAT-Recorder und meine Kopfhörer. Ich nehme nur die Geräusche auf, sage ich, *solamente il rumore*. Keine Kamera? Der Carabiniere ist enttäuscht, rückt sich aber vorsichtshalber vor der unsichtbaren Kamera die Mütze gerade. Ich muss leider weichen. Der Flaschenstapel, auf dem ich sitze, ist zur Verteilung vorgesehen. Nicht nur das Wasser ist begehrt. Die Pilger hinter dem Absperrgitter betteln mit ausgestreckten Armen um die Zwischenpappen, sechzig Zentimeter mal einen Meter und fünfzig, ein Lager für die Nacht.

Die Gehwege sind nicht mehr von den Fahrbahnen zu unterscheiden. Jeder Zentimeter ist kostbar. Überall liegen Pappen, Folien, Schlafsäcke, Isomatten. Überall liegen oder sitzen Pilger.

Das schmiedeeiserne Tor des Pressezentrums wird von drei Polizisten bewacht. Die Auffahrt und der Innenhof sind menschenleer. Ein Avviso kündigt den Termin für den morgigen Tag an: Treffpunkt sieben Uhr, drei Stunden vor Beginn der Zeremonie.

Vom Pressezentrum aus kann ich auf den Petersplatz sehen. In der Ferne flimmert eine Videowand. Zwischen den Flammen der Feuerzeuge und Kerzen, dem Aufleuchten der Blitzlichter und Handy-Displays ahne ich die Menschen. Es ist eine Stimmung wie bei einem Konzert, wenn der Sänger den Lieblingssong anstimmt.

Ich versuche zu telefonieren. Vergebens, das Netz ist überlastet. Nur eine SMS hat mich erreicht: Warte nicht auf mich.

Soll ich der Vernunft gehorchen und in mein Hotel gehen? Darf ich meine Zeit in Rom mit Schlaf vergeuden? Müsste ich nicht freudetrunken durch die Straßen laufen?

Wir hatten es uns geschworen, damals, während einer Frühstückspause, am Literaturinstitut. Wir standen zu dritt im dunklen, holzgetäfelten Foyer, tranken Tee und zitierten Ingeborg Bachmann. Wir waren sicher, in Rom würden wir ihr am nächsten sein. Wir würden in einer Bar sitzen und dem Kellner zusehen, der den Kaffee verschüttete und die Aperitifgläser überschwappen ließ. Und wir würden dabei »die Kunst, ach, die Kunst« murmeln. Wir standen in einem Kartenhaus aus Worten, hoben unsere Teetassen und schworen: Eines Tages werden wir in Rom sein! Genauso gut hätten wir uns zu einer Fahrt zum Mond verabreden können.

»Kennst du das Land, wo die Zitronen blühen?«, rief mir mein goethebesessener Klassikdozent, der um meine Sehnsucht wusste, freudig im nächsten Seminar entgegen, und ich rief verzweifelt zurück: »Nein, eben nicht!«

Ich laufe die Via Nazionale entlang. Ich bin müde und wach zugleich. Die Lichter der Taxis verschwimmen vor meinen Augen. Noch immer kommen mir Menschen mit Gepäck entgegen.

Vor dem Hoteleingang plagt mich das schlechte Gewissen. Müsste ich jetzt nicht drei obdachlose Pilger mit nach oben nehmen?

Als ich mein Hotelzimmer sehe, verfliegt jede Sentimentalität. Ein schmaler Raum mit einem Bett, über dem in drei Meter Höhe ein Fernseher schwebt. Jetzt guckt der Papst auf mich herab. Tot und lebendig, als Mitglied einer Theatergruppe, als Bischof von Krakau, von der Loggia des Petersdoms winkend, das Papstleben als Endlosschleife. Hatte er eigentlich auch später noch abstehende Ohren?

Karol Wojtyła sieht mich an. Er bewegt den Mund, doch ich verstehe ihn nicht. Es ist morgens früh kurz vor fünf Uhr, ich liege angezogen auf meinem Bett. Ich habe vergessen, den Fernseher auszuschalten.

Die Straßen Roms sind leer, kein Auto, kein Bus, kein Fußgänger, nur hin und wieder ein Taxi. Eine Kleinstadt in den frühen Morgenstunden. Auch die Bars sind noch geschlossen. Ich sehne mich nach einem Kaffee. Die erste geöffnete Bar auf der anderen Seite des Tibers wird meine sein.

Doch es gibt keine andere Seite. Die Ponte Vittorio Emanuele Secondo ist gesperrt, die Ponte Principe Amedeo Savoia Aosta – gesperrt, die Ponte Giuseppe Mazzini – gesperrt. Die Schlange der Pilger, die Seite an Seite am Petersplatz anstehen, reicht über die Brücken des Tibers hinaus. Mein Ausweis ist nur noch ein Schulterzucken wert. Ich rutsche eine Böschung hinunter und laufe in der Dunkelheit am Tiber entlang in Richtung Engelsburg, um kurz vor der Ponte Sant'Angelo wiederaufzutauchen. Wenn schon vordrängeln, dann wenigstens auf dem kürzesten Weg. Auf der Brücke treffe ich zwei italienische Journalistinnen, die vorgeben, für das japanische Fernsehen zu arbeiten. Ihre Ausrüstung: eine winzige Kamera, geeignet für Familienfeiern und Urlaubsreisen. Doch an diesem Tag wird jedes Bild zu einer Sensation. Aneinandergeklammert schieben wir uns durch die Menge. *Sono giornalista, devo lavorare.* Ich bin Journalistin. Ein Wort, das für mich zu DDR-Zeiten ein Fremdwort war. Die Journalistensektion an der Leipziger Universität hieß »Das rote Kloster« und war verpönt. Niemals hätte ich mich dort beworben, und ich war damals sicher: Niemals würde ich für eine Zeitung schreiben.

Dann kam der Herbst 1989. Leipzig in Aufruhr.

Bei einer konspirativen Zusammenkunft des Neuen Forums gründete sich an einem Küchentisch eine Pressegruppe. Auf einem volkseigenen Kopierer wurden Flugblätter gedruckt. Gefordert wurden Meinungsfreiheit und eine Zeitungslizenz. Die Verteilung der Flugblätter war filmreif. Wie zufällig gab man sich die Hand, und das Flugblatt wechselte den Besitzer. Im Gegenzug spendeten viele Demonstranten bei diesem Händedruck Geld. Mit den Ersparnissen aus der Montagsdemonstration wurde Ende 1989 der Traum von Pressefreiheit Wirklichkeit. Mit einem Startkapital von unglaublichen vierzigtausend Mark gründeten ein Hilfspfleger, ein Betriebsfotograf und ein Galvaniseur in Leipzig die erste unabhängige Zeitung der DDR: *Die andere Zeitung.* Sie hatten weder Redaktionsräume, Telefonanschluss noch journalistische Erfahrung. Und sie suchten Leute, die für diese Zeitung schreiben wollten. Die einzige Voraussetzung: Enthusiasmus.

»Ich bin Journalistin!« An eine fremde Italienerin geklammert, sage ich es zum ersten Mal. Gemeinsam kämpfen wir uns in Richtung Petersplatz.

Und dann stockt mir der Atem. In der Morgendämmerung färbt sich der Horizont, leuchtet durchscheinend wie dünnes Porzellan. Und die Farbe des Himmels tränkt den Tiber, macht das Wasser zu einem meerblauen Spiegel für Palazzi, Brücken und Lichter. Und die Pinien auf den Hügeln schieben sich mit ihren großen Köpfen ins Gegenlicht. Jetzt hat die Stadt ihren großen Auftritt. Nur der Petersdom entzieht sich allem. Er schimmert pastellfarben am Horizont, jederzeit bereit, wieder zu verschwinden.

Wir kämpfen uns durch die Via della Conciliazione, das Auge des Hurrikans. *Scusi, sono giornalista!*

Anfangs komme ich gut voran, doch je dichter die Reihen werden, desto häufiger bleibe ich mit meiner Tasche hängen. Ich verfluche das Aufnahmegerät samt seinen schweren Akkus. Es war schon wahnsinnig genug gewesen, nach Rom zu fahren, aber noch wahnsinniger ist es, sich mit einer zehn Kilogramm schweren Reisetasche durch die Pilgerreihen zu drängen. Seit Stunden harren die Menschen hier aus, und ich schiebe sie einfach beiseite, trete ihnen auf die Füße. *Sono giornalista.* Es gibt kein Zurück, und es gibt kein Stehenbleiben. Wer sich vordrängelt, wird bestraft. Ich merke, wie jemand von hinten meine Tasche festhält. Vor mir sehe ich das rettende Ufer: die Arkaden am Ende der Via della Conciliazione. Noch zehn Reihen, noch neun, noch acht. Hier sind die Menschen miteinander verschweißt. Mit Gewalt zwänge ich mich durch winzige Lücken. Noch sieben Reihen, noch sechs, noch fünf. Ein Schrei. Ich habe eine kleine brasilianische Nonne übersehen, ich sehe ihr schmerzverzerrtes Gesicht, beuge mich zu ihr, streichele ihr mit beiden Händen über den Kopf, *mi dispiace,* ich wollte es nicht, es tut mir leid, ich schreie mein ganzes italienisches Entschuldigungsvokabular heraus, küsse sie auf den Scheitel, und über mir entlädt sich der weltweite Hass auf Journalisten. Der Tumult ist meine Rettung. Die Carabinieri hinter den Absperrgittern werden aufmerksam. *Aiuto! Aiuto!,* rufe ich, und die Carabinieri ziehen mich an beiden Armen über das Absperrgitter aus der Menge.

Die DAZ-Redaktion residierte in einer Erdgeschosswohnung in Leipzig-Plagwitz, einem Viertel, in dem der Zustand der maroden Häuser schon Jahre zuvor den Zusammenbruch des Sozialismus angekündigt hatte. Die Räume waren kalt und dunkel, und an den Wänden hingen, vom Vormieter zurückgelassen, Schautafeln mit Ansichten des menschlichen Körpers. Niemand hatte Zeit, diese Bilder abzuhängen. Alle arbeiteten Tag und Nacht. Wer müde war, legte sich zum Schlafen auf einen Schreibtisch. Ich arbeitete zu diesem Zeitpunkt noch im Leipziger Zoo und konnte nur fakultativ am Redaktionsleben teilnehmen. Ich wurde dem Ressort Reportagen und Gerichtsberichte zugeteilt. In meinem ersten Artikel sollte ich über das sächsisch-böhmische Grenzgebiet schreiben. Ich galt als kompetent, weil ich in dieser Gegend einmal Urlaub gemacht hatte.

Diese Reportage wird mir unvergessen bleiben. Nicht, weil ich danach per Leserbrief einen Heiratsantrag bekam, sondern weil ich das erste Mal in meinem Leben an einem Computer saß. Eigentlich hatte ich nichts weiter zu tun, als den Artikel, den ich vorsorglich auf meiner Rheinmetall-Schreibmaschine geschrieben hatte, zu übertragen. Auch den Computer sollte ich wie eine Schreibmaschine betrachten, sagte der Techniker, der mitten in seinen Erklärungen weggerufen wurde und mich mit den Worten »Du schaffst das schon« allein ließ. Auch ich war überzeugt, dass ich es schaffen würde, bis zu dem Moment, an dem ich mich das erste Mal verschrieb. Was sollte ich tun? Über den Bildschirm radieren? Ich begann von vorn. Immer wieder. Es war Nacht, als es mir endlich gelungen war, zehn Seiten hintereinander weg fehlerfrei abzutippen. Erst Tage später erfuhr ich, dass es am Computer eine Löschtaste gab.

Es ist kurz vor sieben Uhr. Der Innenhof des Pressezentrums ist fast leer. Lachend wird jeder Neuankömmling begrüßt, schweiß-nasse Stadtguerilla mit müden Gesichtern. Auch die Freundin, die ich gestern nicht erreichen konnte, hat es geschafft.

Wir sollen uns in Zweierreihen anstellen. Drei Wachmänner haben Mühe, Ordnung in den Haufen störrischer Journalisten zu bringen. Am Ende laufen wir in Dreierreihen und Viererrei-hen, schwatzend, drängelnd, eine Schulklasse auf Wandertag. Wohin? Niemand weiß es. Der ursprüngliche Plan, uns in die Nähe des Obelisken zu führen, scheint verworfen. Wir steigen eine Wendeltreppe nach oben, stolpern über Holzpodeste und stehen auf einer Terrasse, unter uns der Petersplatz und über uns der Himmel. Ach, dieser Himmel.

»… der triumphale Himmel … der Himmel, der sich unter keinem Tor bückt … blau von Raubzügen an der Küste Sizi-liens … der gelobte Himmel aus Hermelin.« Habe ich im Papst-Delirium meine eigene Heilige vergessen?

Doch der Himmel ist nur die Dekoration. Hauptdarsteller ist der Petersdom.

Im Morgenlicht glänzt seine Kuppel im zerbrechlichen Weiß. Und es scheint, als könne sie der Flügelschlag einer Tau-be zum Klingen bringen. Doch schnell rückt die höhersteigen-de Sonne alles wieder ins rechte Licht und macht Stein zu Stein.

Auf der Terrasse haben die Positionskämpfe begonnen. Welches Kamerateam darf direkt an der Balustrade stehen, wem bleibt nur der Platz auf dem Holzpodest. Es wird geschubst, gedrängelt, mit Fototaschen und mit Ausrüstungskoffern wer-den Claims abgesteckt. Die Kameramänner proben Schwenks, wechseln Filter. Es wird telefoniert, geraucht, geredet. Eine CNN-Reporterin macht Dehnungsübungen. Linke Fußspitze an linke Pobacke, rechte Fußspitze an rechte Pobacke.

Als die großen Nachrichtenmagazine die ostdeutsche Provinz eroberten, war das Ende der DAZ gekommen. Was so viel Spaß gemacht hatte, musste endlich sein. Wir waren nicht nur keine Journalisten, wir waren auch keine Unternehmer. Wir träumten von amerikanischen Investoren und fuhren mit geblähten Segeln in den Ruin. Was furios begann, endete furios. Aus dem einstigen Guthaben waren Schulden geworden. Die Gründer, die dafür haften mussten, trugen es mit großer Fassung.

Unten auf der Straße kommen die ersten Kardinäle. Sie leuchten rot zwischen den schwarzen Staatskarossen. Noch sind die Stuhlreihen vor der Kirche leer.

Aus den Lautsprechern wehen Töne zu uns herauf, eine kurze Sangesübung, ein Orgelmotiv, dann herrscht wieder Stille. Fast.

Der Petersplatz summt, ein Summen aus Singen, Klatschen und »Karol, Karol«-Rufen. In kleinen Gruppen werden die Pilger auf den Platz geführt, aufgeteilt in Waben. Nie werden zwei nebeneinanderliegende Bereiche gleichzeitig gefüllt. Alles wirkt routiniert, jahrelang geprobt. Und im Bienenstock herrscht Festtagsstimmung.

Dann läutet die Totenglocke. Ihr Klang mischt sich mit Handyklingeln, Hubschrauberbrummen, dem Klicken der Auslöser, dem Surren der Kameras. Die ersten Gäste schreiten über den roten Teppich die Treppe hinab. Prinz Albert und Caroline, Prinz Charles, ohne Camilla, noch gehört sie nicht dazu, heute wäre ihr Hochzeitstermin gewesen.

Auf der Terrasse beginnt das Prominentenraten. Wer ist die Frau, die eine weiße Handtasche zu einem schwarzen Kleid trägt?

Die Kameramänner der italienischen Filmhochschule be-

30

finden über das Aussehen der weiblichen Gäste, über Spitzenschleier und Hüte, über High Heels und kurze Röcke. Die Poleposition gehört einer Frau in Steppmantel und Winterstiefeln, eine Außerirdische, die auf ihrem Weg zurück ins All zufällig in diese Begräbnisfeier geraten ist. Doch plötzlich ist die Beschaulichkeit vorüber. Clinton, Clinton, Clinton. Bush, Bush, Bush. Die Fotografen sind im Fieber. Wo ist Schröder? *Schröder non è arrivato?* Dort ist Ciampi. *Ah, Ciampi!*

Der tote Papst hat sie alle zusammengeführt: Könige, Fürsten, Politiker. Wie arme Sünder sitzen sie nebeneinander. Die Großen der Weltgeschichte, die von hier oben ganz klein wirken. Und doch so nah sind, dass ich ihnen fast auf den Kopf spucken könnte. Drohend kreist der Hubschrauber über unseren Köpfen. Warum wurden wir nicht kontrolliert? Was passiert, wenn hier oben plötzlich jemand zu schießen beginnt? Einigen Fotografen, die gern meinen Platz haben wollen, erscheine ich verdächtig. Wo ist die Kamera, die zu meinem Mikrofon gehört? Radio? Ah. Aber warum keine Kamera?

Berlusconi kommt zu spät. Hat jemand Schröder gesehen? *Manca!* Schröder fehlt. Oder sitzt er dort hinten? Wir haben den Überblick verloren.

Noch immer läutet die Totenglocke. Der Chor setzt ein. Jetzt halten die Kirchenvertreter Einzug: Bischöfe in Purpurrot, Rabbiner in Schwarz, weiß gekleidete Buddhisten. Den Vertretern der Religionen gehört die andere Seite des Platzes. Kirche und Welt sitzen sich gegenüber. Gemeinsam sehen sie auf den Sarg in ihrer Mitte. Ein schlichter Zedernholzsarg, der auf einem Teppich steht.

Eine Erdbestattung ohne Sarkophag hatte sich der Papst in seinem Testament gewünscht. »Über den Ort mögen das Kardinalskollegium und die Landsleute entscheiden.«

Hatte er gehofft, in seiner Heimatstadt in Polen begraben zu werden? Doch auch ein toter Papst gehört nach Rom. Daran gibt es keinen Zweifel. Und so sind alle zu ihm gekommen. Der Petersplatz leuchtet rot-weiß. Ein Heimspiel für Karol Wojtyła.

Was wollen die Polen nur immer mit ihrem Papst?, dachte ich 1989 in Krakau. Wir probten die Revolution, und sie klebten Papstbilder an Autoscheiben und stellten Papstbilder in Schaufenster. Es gab den Papst als Medaillon, Papstkerzen, Papsttassen, Papst-Schlüsselanhänger. Und hatte nicht Wałęsa den Solidarność-Vertrag mit einem Kugelschreiber unterschrieben, der ein Papstbild hatte?

Ich suchte in den Tuchhallen nach einem Geschenk für meine Tochter, kaufte Möbel für die Puppenstube, eine kleine Badewanne, ein Waschbecken, ein Klo, einen Wischeimer. Selbst an den Spielzeugständen gab es Schneekugeln mit Papstfiguren. Auch der Zigeuner am Ausgang hatte ein Papstbild an seiner Sammelschale. Fordernd stieß er sie mir gegen die Rippen: Eine Mark, bitte! Gehorsam griff ich in die Tasche und legte eine DDR-Mark in den Korb. Das Fluchen verfolgte mich über den gesamten Marktplatz.

*Dona ei domine et lux perpetua luceat ei.* In einer langen Reihe treten die Kardinäle aus dem Dunkel der Kirche hinaus auf den Petersplatz. Die roten Umhänge leuchten im Licht der Morgensonne. Eine rote Woge fließt die Treppenstufen hinab. Eine Verbeugung, ein angedeuteter Kuss auf das Evangelium, dann fließt die Woge wieder hinauf. Ist es Wirklichkeit oder Imagination? Diese roten Seidenumhänge, diese weißen Satinmützen, die Goldstickereien auf den Gewändern der Patriarchen? Ich strecke meine Hand mit dem Mikrofon, so weit es geht, den

Farben entgegen. Kann man dieses Rot hören? Ist alles, was ich unten auf dem Platz sehe und höre, nur für unsere Kameras und Mikrofone gemacht? Das Werk eines berühmten Regisseurs, dessen Name mir auf der Zunge liegt?

Aber nicht Bernardo Bertolucci, sondern der Wind übernimmt die Regie. Unverhofft fährt er mitten hinein in die feierliche Stimmung, bläht die Gewänder der Kardinäle, greift nach ihren Mützen, lässt die Umhänge über den Köpfen zusammenschlagen. Für einen Moment scheint alles zerbrechlich.

Doch noch ist der Höhepunkt der Inszenierung nicht erreicht. Was nun kommt, wäre aus Angst vor Pathos aus jedem Drehbuch gestrichen worden, und vielleicht gerade deshalb wird es uns für immer im Gedächtnis bleiben: Seite für Seite blättert der Wind im aufgeschlagenen Evangelium, zeigt uns am Ende den roten Inneneinband, bevor er es endgültig zuschlägt. Für einen Augenblick ist es ganz still.

Nur die spanische Journalistin neben mir scheint ungerührt. Sie redet, während der Sarg aus der Basilika die Treppenstufen heruntergetragen wird, sie redet beim Einzug der Kardinäle, und nicht einmal der Wind bringt sie zum Schweigen.

*Nel nome del Padre e del Figlio e dello Spirito Santo …*

Kardinaldekan Joseph Ratzinger eröffnet die Messe. Ein Deutscher ist würdig, die Totenmesse für einen Polen zu halten.

Sie haben uns nie geliebt. Sie brauchten uns nicht. Niemals.

Auch in jenen Herbsttagen im Jahr 1989 waren wir nicht erwünscht in Polen. Den polnischen Kulturfunktionären waren wir suspekt, weil wir aus dem rebellischen Leipzig kamen. Für die anderen waren wir »Offizielle«, deren Meinung niemanden interessierte. Bei unserer Ankunft bauten Unbekannte vor

die Tür des Kulturzentrums eine Mauer aus weißen Polysterol-
steinen auf und besprühten sie mit SS-Runen. Das Fernseh-
team eines ZDF-Kulturmagazins filmte die Mauer, dann wurde
sie wieder abgetragen. Uns fragte niemand. Nach uns fragte
niemand. Statt der vereinbarten Lesungen gab es Ausflüge in
die Umgebung, statt Vorträgen an der Universität Museums-
besuche und Stadtrundgänge. Wir saßen allein in dem Kaffee-
haus Jama Michalika. Kein Drängeln um Plätze, keine streiten-
den Kunststudenten, keine Kellner, die sich mit vollen Tabletts
zwischen den Tischen hindurchdrängelten. Die Luft war klar
und durchsichtig. Nur die nikotingebeizten Tapeten und die Bilder und Marionetten an der Wand, mit denen mittellose Studenten angeblich ihre Zeche beglichen haben sollen, zeugten
von einer anderen Zeit. Wir saßen allein vor unserem Milchkaffee und dämpften die Stimme. Es war, als hätte jemand die
Uhr angehalten.

Herr erbarme Dich unser! *Kyrie, eleison, christe eleison,* singt der
Chor, und die Kardinäle vor der Fassade des Petersdoms singen
mit, manche voller Inbrunst, manche mit schmalen Lippen.

Alle halten ein kleines gelbes Heft in der Hand: *Messa
esequiale del Romano Pontefice,* der Ablauf der Totenmesse.

*Oremus,* Lasset uns beten. Gott, Vater und Hirte der
Menschheit, schau auf Deine Familie, die hier zum Gebet versammelt ist.

Und was macht die Familie? Sie sucht nach ihren Lesebril-
len und blättert in dem kleinen Heft wie in dem Programmheft
einer Opernpremiere.

Die Journalistenfamilie in der Loge kämpft noch immer
um den besten Blick auf den Petersplatz. Es wird gedrängelt
und gestoßen. Ein Fotograf schlägt mir sein Objektiv mehrmals

gegen den Arm, mit dem ich das Mikrofon halte, und gibt mir damit deutlich zu verstehen, dass er meine Anwesenheit für unnötig hält.

Doch mein ärgster Gegner ist der Wind, denn er ist der Feind aller Mikrofone. In meinen Kopfhörern poltert es, Steinschläge gegen meine Ohren. Neidisch sehe ich auf die zotteligen Puschel über den Mikrofonen der Fernsehleute. Ich hätte es wissen müssen. Jetzt gibt es nur noch eine Lösung. Ich schiebe das Mikrofon unter meinen Pullover, beule meinen Bauch aus, wie bei einer Schwangerschaft. Der Fotograf, der alle meine Bewegungen belauert, flüchtet aus meiner Nähe.

In jenen Oktobertagen in Krakau wollte nur einer mit uns sprechen, Jan Józef Szczepański, der Gründer eines unabhängigen Schriftstellerverbandes. Wir bekamen seine Adresse auf einem Zettel von unserem polnischen Betreuer zugesteckt, ein konspiratives Treffen in der Krakauer Altstadt. Die Wohnung erstrahlte im verblichenen k. u. k.-Glanz, als hätte der Kaiser selbst die Einrichtungsarbeiten geleitet. Die hohen, großen Räume waren durch Flügeltüren getrennt. Kinder spielten Fangen, schlitterten über das Parkett, wurden verwarnt und kamen doch immer wieder. Neugierig pirschten sie sich an uns heran und stoben davon, wenn sie entdeckt wurden. Wir saßen in abgeschabten Ledersesseln, tranken Tee und träumten. Wir träumten von unzensierten Büchern, von Büchern, deren einziger Maßstab Literatur ist. Wir träumten vom Sieg der Wahrheit und der Fantasie. Gemeinsam. Voller Dankbarkeit verteilten wir zum Abschied unsere Schätze, die wir für »besondere Gelegenheiten« aus dem Schlaraffenland DDR mitgebracht hatten. Drei Schlagersüßtafeln aus kakaoähnlichen Bestandteilen für die Kinder und eine Döbelner Salami für den Schriftsteller

Jan Józef Szczepański. Wertvolle Geschenke unter sozialistischen Brüdern und Schwestern.

Die Brüder und Schwestern auf dem Platz haben sich erhoben. Nur Kardinal Ratzinger ist sitzen geblieben. Vor ihm wird ein Mikrofon aufgebaut. Die Tontechniker sind zwei Geistliche, quasi Kollegen von mir. Dann erhebt auch er sich, und die Rede beginnt.

»*Seguimi, dice il Signore risorto a Pietro.* Folge mir, ein knappes Wort von Christus kann der Schlüssel sein zu der Botschaft, die uns Johannes Paul der Zweite hinterlassen hat.«

Was hat er uns hinterlassen? Seit Jahren mühen sich alle, eine Schublade zu finden, in die sie Karol Wojtyła stecken können. »Der Reisepapst«, »Der Telepontifex«, »Der erfolgreichste Papst seit Sankt Peter«, »Der halbherzige Reformator«.

Den Pilgern auf dem Platz sind diese Wertungen egal. Sie beklatschen seine Arbeit in einer Chemiefabrik genauso wie Karol Wojtyłas Enthusiasmus für Poesie und Theater.

Was wäre aus dem Literaturstudenten geworden, wenn seine Geschwister und Eltern nicht so früh gestorben wären? Der Schriftsteller Karol Wojtyła? Der Hörspielautor? Der Drehbuchschreiber? Einer von jenen polnischen Künstlern, die ich bewunderte? Hätte ich ihn dann in jenen Oktobertagen im Jahr 1989 zusammen mit Jan Józef Szczepański in Krakau getroffen?

Sie kannten sich, denn Szczepański hatte Anfang der Achtzigerjahre ein Drehbuch über das Leben Karol Wojtyłas geschrieben, das von Krzysztof Zanussi verfilmt und zu Zeiten polnischen Kriegsrechts im deutschen Fernsehen ausgestrahlt wurde, auf der anderen Seite der Mauer. »*Da un paese lontano*« – Der Mann, der aus der Fremde kam.

Nach dem Besuch bei Jan Józef Szczepański waren wir euphorisch und vergaßen für einen Moment den Grund, der uns nach Polen geführt hatte: der Republikgeburtstag. Am Abend sollte es einen Empfang geben. Worauf sollten wir jetzt noch anstoßen? Wir saßen in dem spartanisch eingerichteten Internat und waren traurig vor Hilflosigkeit.

Angela weinte. Es gibt zwei Möglichkeiten, sagte ich, wir nehmen es hin, oder wir wehren uns. Gut!, sagte sie. Und stellte die Tränen ab, so wie man einen Wasserstrahl abdreht. Ich ahnte nicht, was ihre Entschlussfreude bedeuten würde.

Wir wurden zu einem großen Gebäude gefahren. Auf dem Treppenpodest vor der breiten Eingangstür standen zwei Wachposten. Es war die Militärkommandantur. Ich dachte an die polnische Geliebte meines Freundes, mit der wir den ersten Jahrestag von Solidarność gefeiert hatten. Im Gegensatz zu uns durfte sie nach Verhängung des Kriegsrechts noch zu Verwandtenbesuchen nach Polen reisen. Sie erzählte uns, dass die Leute bei Jaruzelski-Ansprachen ihre Fernsehapparate auf die Fensterbretter stellten. Die Bildschirme zur Straße gedreht.

Das Bild des Generals, der im Juli 1989 vom Staatsratsvorsitzenden zum Präsidenten Polens mutiert war, hing über dem Buffet. Das war die einzige polnische Zutat. Alle anderen Dinge hatte unsere Delegation vorsorglich aus Leipzig mitgebracht: Schnittkäse, Eier, Döbelner Salami und Sekt der Marke Rotkäppchen. Die Gläser standen in der Mitte der Tafel auf einem Podest. Ein Blick genügte, und wir wussten, dass wir schnell sein mussten. Wir tranken auf die Republik, auf die Völkerverständigung, auf die Partnerschaft unserer Städte, auf die Freundschaft, die uns Herzenssache war. Als alle Reden geredet waren, hatte ich drei Gläser Sekt getrunken. Ich lief zusammen mit Angela über einen Wattefußboden auf die Kulturfunktionäre zu. Ich sah alles in Zeitlupe. Ich sah, wie Angela die Vertreterin der Bezirksparteileitung der SED am Kragen packte. Oder wäre es besser zu sagen, am Schlafittchen? Sie drehte den Stoff zu einem Knoten, zog die Frau zu sich heran und sagte in die plötzliche Stille hinein: »So, jetzt machen wir Glasnost!« Glasnost, dieses Wort war der Funke, der alles entzündete. Wie eine Explosion entlud sich unser Unmut. Weshalb waren wir nach Krakau gefahren? Um Ausflüge ins Gebirge und in ein Salzbergwerk zu machen? Worin lag der Sinn dieser Reise? In Trinksprüchen auf die vergangenen Zeiten? Niemand antwortete uns. Schweigend drehten alle ihre leeren Gläser zwischen den Händen. Wir verließen den Saal, standen in der Mitte der großen Eingangshalle. Fern spielte Musik, ich ahnte einen Walzer. Plötzlich öffnete sich eine zweiflügelige Tür. In gerader, vorschriftsmäßiger Haltung führte ein Mann in goldbetresster Uniform eine Dame im Ballkleid über das Parkett. Sie drehten sich in weiten Schwüngen, wechselten die Richtung, schwebten im Dreivierteltakt. Der Kronleuchter spiegelte sich im schwarzen Lack des Flügels. War es ein Film oder die Wirkung des Alkohols? Bevor ich mich entscheiden konnte, schloss jemand die Tür. Die Vorstellung war beendet.

Wir gingen hinaus in die Herbstluft, die uns kühlte. Unser polnischer Betreuer war uns gefolgt. Es täte ihm leid, sagte er, wenn wir uns nicht als Gäste behandelt fühlten. Es sei nicht seine Schuld, sagten wir.

Er lud uns ein. An einen geheimen Ort, an dem es Alkohol geben sollte. Weshalb glaubten Politiker, sie könnten mit Prohibition Veränderungen aufhalten? Vor der Tür zum Theaterklub schlief ein Betrunkener auf der Treppe. Ein gutes Zeichen. Wir tranken Wodka, bis unser polnischer Betreuer vom Stuhl fiel. Als wir gingen, lag der Betrunkene noch immer auf der Treppe.

Wir liefen durch das nächtliche Krakau. Der Wodka hatte uns heiter gemacht. Unser Lachen fing sich in den Häuserzeilen. Ein Mann blieb stehen und küsste uns die Hand. Wir hatten es fast vergessen. Am Anfang unserer Reise hatten wir darauf gewettet, wer die meisten Handküsse bekommen würde. Der Mann stellte sich uns mit einer Verbeugung vor. Er sei ein Graf und über einhundert Jahre alt. Schon wieder ein Film, dachte ich.

Wo ich herkäme, fragte mich der einhundertjährige polnische Graf.

Aus Leipzig!

Eine schöne Stadt, sagte er, ich habe eine Tochter in Hamburg.

Das ist auf der anderen Seite der Mauer, sagte ich.

Und der einhundertjährige Graf lächelte milde, küsste mir noch einmal die Hand und sagte: Nicht mehr lange.

In einer langen Reihe ziehen die Priester über den Petersplatz und verteilen über die Absperrungen hinweg die Hostien. Die Begeisterung der Pilger scheint nach der Kommunion wie entfesselt. *Giovanni Paolo, Giovanni Paolo,* rufen sie, minutenlang. Aber vielleicht klatschen sie sich nur die Hände warm. Der Wind ist eisig geworden. Er streicht über die Federbüsche auf den Helmen der Schweizergarde, und die Frauen unten auf dem Platz greifen ungelenk nach ihren Spitzenschleiern. Mit kalten Fingern sind große Gesten unmöglich. Alle haben rote Nasen, auch Kardinal Ratzinger. Voller Neid denke ich an die Außerirdische in Steppmantel und Winterstiefeln.

Es war fast Mitternacht, als wir in unserem Krakauer Internat ankamen. Ich holte die eiserne Reserve aus meiner Reisetasche: eine Flasche Erlauer Stierblut. Erst jetzt merkten wir, dass es keine Gläser gab, die einzigen Gefäße, die ich besaß, gehörten zu dem Puppenbad, das ich für meine Tochter gekauft hatte.

Am 9. Oktober 1989 trank ich Rotwein aus einem Puppenklo. Schwarz mit gelber Klobrille, mein Gegenüber, der »Prinz« Tobias Künzel, trank aus der Badewanne, Angela aus dem Waschbecken.

Wir stießen an. »Auf das Geburtstagskind!« Doch wir tranken nicht auf die Republik, sondern auf mich, denn ich hatte Geburtstag. Dann saßen wir mit in den Nacken zurückgelegten Köpfen da und sahen auf verwackelte Fernsehbilder. Es war ein italienischer Sender, der wahrscheinlich sonst die virtuelle Teilnahme an den Papstmessen ermöglichte. Wir sahen Menschen, die mit dem Strahl eines Wasserwerfers über die Straße getrieben wurden. Wir erkannten die Verkehrsampeln, die Peitschenlampen, die Uniformen der Polizisten. War es Leipzig? Berlin? Oder war es Dresden? Wir wussten es nicht. Ich dachte an meine Familie, an meine zweijährige Tochter, an meinen Mann. War er an diesem Montag, wie an den Montagen zuvor, zum Friedensgebet in die Nikolaikirche gegangen? Hatte er das Kind mitgenommen? Mir wurde bewusst, dass ich nicht einmal ein Foto meiner Tochter eingesteckt hatte.

*Santa Maria, Mater dei, Omnes sancti Angeli.* Mit der Anrufung der Heiligen beginnen die letzte Bitte und der Abschied.

Heiliger Johannes, heiliger Jakob, heiliger Maximilian …

Pater Maximilian Kolbe gehörte zu den Menschen, die von Papst Johannes Paul dem Zweiten heiliggesprochen worden waren.

*Nessuno ha un amore più grande di questo: dare la vita per i propri amici.* Es gibt keine größere Liebe, als sein Leben einem Freund zu opfern.

Am Morgen vor unserer Abreise überreichte mir der Pförtner ein Päckchen. Ein älterer Herr habe es in der Nacht abgegeben. Es war ein in Packpapier eingeschlagenes Buch von Jan Józef Szczepański: *Vor dem unbekannten Tribunal* – erschienen im Suhrkamp Verlag. Ein heiliges Westbuch. Ein persönliches Exemplar, mit handschriftlichen Korrekturen. Einer der fünf Essays hieß *Der Heilige,* die Geschichte des Jesuitenpaters Maximilian Kolbe, der in Auschwitz sein Leben für das Leben eines anderen Häftlings geopfert hatte. Der »ausgetauschte« Franciszek Gajowniczek überlebte Auschwitz und stand 1982 auf dem Petersplatz, als Maximilian Kolbe vom polnischen Papst heiliggesprochen wurde.

Und wie allen Heiligen wurde auch Pater Kolbe ein Ressort zugeteilt. Er wurde der Schutzheilige der Journalisten.

Die Totenglocke beginnt zu schlagen. Zwölf Männer mit weißen Handschuhen tragen den Sarg hinauf. Stufe für Stufe.

Noch einmal halten sie inne, heben das Kopfende des Sarges an, so als solle Karol Wojtyła ein letztes Mal seine Gemeinde sehen.

Giovanni Paolo! Karol, Karol! Jeder ruft in seiner Sprache, so laut er kann. Sie winken ihm, schwenken ihre Mützen und lassen die Fahnen über ihren Köpfen kreisen. Und immer lauter wird ein Ruf, der schließlich alles übertönt: *Santo subito!* Sie beklatschen ihre Idee, ein tosender Beifall, der kein Ende nimmt. *Santo subito!* Für wen wird der heilige Giovanni Paolo Secondo verantwortlich werden?

Die Journalisten haben ihren Platz an der Brüstung schon längst verlassen. Bereits beim Anheben des Sarges werden die ersten Berichte durchgegeben, nach Spanien, in die Schweiz, nach Nordamerika. Fotografen kauern mit über die Köpfe gehängten Jacketts auf dem Boden und setzen mit ihren Laptops Fotos ab.

Nur die beiden Kameramänner der italienischen Filmhochschule stehen noch an der Brüstung und beobachten den Platz.

Sie filmen, wie die Schweizergarde die geladenen Gäste zur Eile mahnt und mit entschiedenen Handbewegungen vom Platz treibt, wie Kardinäle ihre Handys unter der Soutane hervorziehen und telefonieren. Sie filmen das Zusammenschieben der Gebetbänke und das Einrollen der roten Teppiche.

Jetzt liegt nur noch der kleine Teppich, auf dem der Sarg gestanden hat, auf dem Platz. Ich gehe, bevor auch er zusammengerollt wird.

Viele Pilger stehen noch immer auf dem Platz, so als wollten sie mit ihrem Bleiben das Ende der Feier hinauszögern. Unter den Arkaden der Peterskirche sitzen zwei dicke Afrikanerinnen in bunten Kaftanen und lassen sich von Journalisten fotografieren. Niemand hat es eilig, niemand drängelt. Ein träger Strom fließt auf die Tiberbrücken zu. Auf den Kreuzungen regeln Carabinieri den Pilgerverkehr. Auf Pfiff darf die Ponte Vittorio Emanuele Secondo überquert werden. Ich lasse mich treiben, laufe über zertretene Mineralwasserflaschen, über Plastikbecher. Der Wind weht Papierfetzen über die Brüstung. Die ersten Kehrkolonnen beginnen mit der Reinigung. Ich fühle mich wie am Neujahrsmorgen, wenn auf den Straßen Konfetti, Papierschlangen und zerfetzte Böller zusammengefegt werden. Dinge, deren Sinn einem entfallen ist. Inmitten der Müllberge steht ein Zeitungsverkäufer und verteilt den *Tempo* mit dem Testament des Papstes. Aus den Pilgerströmen sind Pilgergrüppchen geworden, die sich im Labyrinth der Gassen verlieren. Die polnischen Fahnen sind eingerollt. Nur an dem Regenschirm der Reiseleiterin im romanischen Forum flattert noch ein rot-weißes Band. Der Himmel hat sich bewölkt. Das Wetter ist aus seiner Verantwortung entlassen.

Auf dem Palatino bin ich allein. Eine schwere Süße liegt in der Luft. Ein Hauch Vergänglichkeit. Akazien, Orangenbäume, Buchsbaumhecken und dazwischen lodernder Rotdorn. Hier unter dem Schutz der Bäume gibt es keinen Wind. Ich stehe an einem Absperrgitter und sehe den Hügel hinab auf Rom. Mir, nur mir gehört die Stille, der Duft der Akazien, nur mir gehören die Rotdornfackeln. Nur mir gehört diese Stadt. Von fern leuchtet die Kuppel des Petersdoms. *Quel che ho visto e udito a Roma.* Ich sehe und höre, bis ich zu frieren beginne.

Zwischen jahrtausendealten Steinen laufe ich zum Ausgang. Fast fürchte ich mich, ihre Bedeutung zu erkennen: Julius Caesar, Augustus. Selbst die Reste der Fundamente scheinen unbesiegbar. Ich sehe an der Trajanssäule nach oben. Ich bin winzig. Auf der Mauer vor dem Kapitol sitzt eine Braut und lässt sich filmen. Sie lächelt auch noch in die Kamera, als die ersten Regentropfen fallen. Sofort steht an jeder Ecke ein Schirmverkäufer. Aber ich habe keine Lust, einen Regenschirm zu tragen. Ich will nass werden. Mit hochgezogenen Schultern laufe ich durch die leeren Gassen, die alle gleich aussehen. Es tropft von Dächern, Simsen und Balkons, ich rutsche, und meine Absätze verhaken sich in den groben Fugen. Ich überquere einen Platz. Die Lichter der umliegenden Bars spiegeln sich auf den feuchten Pflastersteinen. Ich sehe die Umrisse eines Denkmals. Ich ahne es mehr, als ich es erkenne: Giordano Bruno. Müsste ich jetzt nicht vor Ehrfurcht auf die Knie sinken und die Sätze meiner Heiligen in die kalte Aprilluft schreien?

»Ich sah auf dem Campo de' Fiori, daß Giordano Bruno

noch immer verbrannt wird.« Doch der Platz ist leer. Kein Rauch steigt nach oben. Niemand schreit in die Flammen. Im Regen sind alle Plätze grau. Ich sehe weder eine Katze mit winzigen Ohren noch eine Katze mit weißen Beinkleidern, nur ein streunender Journalist kreuzt meinen Weg. Gemeinsam suchen wir nach einer Bar. Am Tisch neben dem Eingang sitzt ein junger Mann. Selbstverständlich sei noch geöffnet. Auf einem großen Holzbrett serviert er uns die in der Küche gefundenen »Kleinigkeiten«, verschiedene Käsesorten, Salami, Oliven. Langsam kauen wir das Brot und trinken dazu einen Rotwein, der nach frischer Erde riecht. Im Mund bleibt der Geschmack schwarzer Johannisbeeren. Wir trinken in kleinen Schlucken, sehen hinaus auf den dunklen Platz.

Und sprechen über den Tod und den Papst, nennen unsere Namen und die Orte, aus denen wir kommen, und der Journalist ist überrascht, dass ich ohne Auftrag nach Rom gereist bin. Einfach so – zum Hören und Sehen.

Seine Redaktion habe fünf Journalisten geschickt.

Wann ich seinen Artikel lesen könne? Wahrscheinlich nie, sagte er. *Chi sa.* Ob ich nicht wüsste, dass ständig viel mehr in Auftrag gegeben werde, als überhaupt gedruckt werden könne. Ich denke an früher und an die vielen auf dem Postweg verschwundenen Manuskripte. Ist das nicht Verschwendung an Fantasie?, frage ich. Er lacht.

Als wir damals in Krakau in den Zug stiegen, wussten wir nicht, in welches Land wir zurückkehren würden. Es gab Gerüchte, die Regierung der DDR wäre abgelöst worden. War Honecker, der eine »chinesische Lösung« für das Ende der Montagsdemonstration gefordert hatte, entmachtet worden, oder hatten wir jetzt eine Militärregierung? Eine Zeit lang machten wir noch Witze, doch je näher wir der Grenze kamen, umso verhaltener wurden die Gespräche. Als der Zug auf freier Strecke stehen blieb, war es still im Abteil. Ich dachte an die Bilder des italienischen Fernsehens und die als Leserbrief getarnte Drohung in der »Leipziger Volkszeitung«, die Stadt gegen gewissenlose Elemente und Rowdys zu verteidigen. »Wenn es sein muss, mit der Waffe in der Hand.« Was wäre, wenn uns die Einreise in die DDR verwehrt würde? War ich im Niemandsland, in dem ich mich einst so frei gefühlt hatte? Ich hätte nie gedacht, dass ich mir wünschen könnte, in die DDR einreisen zu dürfen. Endlich fuhr der Zug weiter. Die Grenzkontrollen waren überraschend nachlässig. Das Land, das ich drei Tage zuvor verlassen hatte, war ein anderes geworden. Siebzigtausend Menschen waren in Leipzig um den Ring gezogen. Das »Volk« hatte selbst die Polizei überrascht. Der Einsatzleiter in Leipzig wartete vergeblich auf einen Rückruf »seiner Genossen« aus Berlin. Es gab keine Befehle. Das Politbüro war verstummt. Es wird kolportiert, dass sich die Genossen betrunken hätten. Vielleicht mit Wodka. Auf sich allein gestellt, entschied sich der Leipziger Einsatzleiter gegen eine »chinesische Lösung«. Die Fernsehbilder, die wir im italienischen Fernsehen gesehen hatten, waren am 8. Oktober in Berlin Unter den Linden aufgenommen worden.

Am Morgen weckt mich der Regen. Die Tropfen prallen von der Gerüststange vor meinem Fenster gegen die Scheibe. Erst jetzt sehe ich die Baustelle in meinem Hof. Die Tropfen schlagen in den Zementbottichen Blasen. Eine Zeit lang höre ich auf den Regen. Wird er stärker? Wird er schwächer? Nichts unterscheidet die Geräusche des Regens in Rom von den Geräuschen des Regens in Markkleeberg.

Ich nehme Abschied von einer Stadt, in die ich mich schon zurücksehnte, bevor ich sie überhaupt kannte.

Ich laufe von der Engelsburg zum Petersplatz. Ich muss niemandem ausweichen, mich nicht durchdrängen. Ich habe das Gefühl, an einen Ort zu kommen, den ich aus Kindheitstagen unendlich groß in Erinnerung habe und der jetzt auf seine wirklichen Maße geschrumpft ist. Der Petersplatz ist kleiner geworden. Nur das Kerzenwachs in den Fugen der Steine erinnert noch an die vergangenen Tage.

Alles ist nass. Die Steine sind nass, die Kranzschleifen sind nass, die Blumensträuße sind nass, auf dem Kerzenwachs schwimmt Wasser. Die Schrift auf den Briefen, die an dem Obelisken auf dem Petersplatz kleben, ist verschmiert. Unter einer Folie mit der steilen Schrift eines Schulanfängers steht: *Hai vinto.* Du hast gewonnen. Ich fahre mit der Hand über die Unterkante des Steins und betrachte den Ruß auf meinen Fingern.

*Sconto Papi, Sconto Papi!,* rufen die Händler unter den Planen ihrer fahrbaren Wägelchen. Giovanni Paolo Secondo zum halben Preis.

Auch im Tabakwarenladen gibt es fünfzig Prozent Rabatt auf den alten Papst. Ich kaufe eine Schachtel Marlboro und einen Rosenkranz für meine Tochter.

Wer, glauben Sie, wird neuer Papst?, fragt mich der Verkäufer, bevor er mir das Wechselgeld herausgibt. *Il toto papa.* Ganz Rom ist erfasst von der Papstlotterie.

Älter sollte er sein, darin sind sich alle einig.

Ruini?, sage ich vorsichtig.

Niemals, mit dieser dünnen Stimme!

Er tippe auf Joseph Ratzinger.

Schon wieder ein Ausländer?

Warum nicht?, fragt verwundert der römische Zigarettenverkäufer.

Es regnet, meine Jacke ist nass, und doch gibt es noch etwas,
das ich vor meiner Abreise tun muss: La Fontana di Trevi.

Was habe ich erwartet? Einen Springbrunnen, eine Gruppe
wasserspeiende Figuren, vor sich hin tröpfelnde Rinnsale?

Was macht mich so fassungslos? Die Beiläufigkeit, mit der
diese Stadt ihre Schönheit präsentiert? Das Wunder hinter der
nächsten Straßenecke?

Ich stehe mitten in Rom am Meer. Ich starre auf das Wasser, das allen Gesetzen trotzt und hellgrün leuchtet, obwohl es
die Natur dazu bestimmt hat, Spiegel der grauen Regenwolken
zu sein. Ich sehe die Münzen auf dem Grund, Währungen aus
aller Welt. Der erkaufte Anspruch auf Rückkehr.

Wie oft habe ich in Gedanken eine Münze geworfen, rück-
wärts über die linke Schulter, so wie die Regel es befiehlt?

Nach einem Vortrag über Ingeborg Bachmanns Poesie wurde
ich zum Direktor des Literaturinstituts bestellt. Ob ich in meiner Begeisterung vergessen hätte, dass die Bachmann eine bür-
gerliche Schriftstellerin sei? Ob ich meinen Studienplatz aufs
Spiel setzen wolle?

Wie viele Jahre habe ich auf diesen Moment gewartet?

Ich greife in meine Tasche, spüre eine Münze, zögere und
lasse sie dann zurückgleiten.

# WIE ICH BEINAHE PAUL AUSTER TRAF UND STATTDESSEN DEN DACKEL WALDTRAUT KÜSSTE

Es ist, als wäre ich überhaupt nicht weg gewesen. Da fahre ich zwei Monate nach New York, komme zurück und nichts hat sich verändert. Alles sieht aus wie immer. Einmal Markkleeberg, immer Markkleeberg. Ich beginne zu zweifeln. An Amerika. An mir. Vielleicht habe ich die ganze Zeit nur an meinem Schreibtisch gesessen und mir alles ausgedacht. Vielleicht ist dieses Amerika eine Erfindung, so wie ich der Überzeugung bin, dass die Schweiz eine Erfindung der Schokoladenindustrie ist. In Wirklichkeit hat Kolumbus den richtigen Seeweg gefunden und ist nach Indien gefahren: Hollywood, Burger King, Donald Duck – alles erfunden. Extra für uns Europäer, um in uns eine Sehnsucht zu wecken – oder eine Abscheu.

Jetzt sitze ich hier, in Markkleeberg, und habe nicht einmal einen Jetlag. Ein Jetlag wäre ein Beweis. Doch ich bin hellwach. Ich sitze an meinem Schreibtisch und sehe auf meinen Laptop. Wo immer ich bin, sehe ich auf meinen Laptop. Ich trage ihn durch die Welt, als wäre nur das wahr, was ich in ihn hineinschreibe. Selbstverständlich habe ich ihn auch nach

New York getragen, meinen stummen Reisebegleiter, dem ich alles sagen kann und der nie widerspricht. Ich habe eine Datei angelegt mit dem Namen »NYC«. Ich liebe es, Dateien und Ordner anzulegen. Mein Laptop ist ein Kaufmannsladen, in dem ich mein Leben in Tüten packe und in Schubläden verstaue. Die Tüte »Enwajci« ist leer. Ich suche nach einer Erklärung. Die einfachste wäre, ich bin niemals dort gewesen. Ich bin an meinem Schreibtisch in Markkleeberg sitzen geblieben. Alles, was ich über New York weiß, habe ich in Büchern gelesen und in Filmen gesehen. Diese Stadt ist eine Fata Morgana, gebaut aus den Worten ihrer vermeintlichen Betrachter. Ich kann die leere Schublade für immer schließen. Es sei denn, ich füge den erfundenen Geschichten meine eigene hinzu.

Es gab ein Drinnen und ein Draußen. Drinnen waren mein Laptop und ich, waren Nachdenken und Stille. Draußen, hinter den bei jedem Wetter beschlagenen Scheiben, gab es Geschrei und Feuerwehrsirenen, Musik und knallende Autotüren, Lachen und splitterndes Glas. Es zog mich nach draußen, in die schwüle, abgasgetränkte Luft. In die Stadt, die mich anbrüllte, die den Hall meiner Schritte in ihren Lärm aufsog und unhörbar machte. Als ich gestern, nach zwei Monaten, erstmals wieder durch Markkleeberg lief, zuckte ich zusammen. Ich hatte vergessen, dass man seine eigenen Schritte hören kann.

Der Straßenlärm in New York war mein Tarnanzug. Ich ging durch die Stadt und war niemand. Das machte mich frei. Ich lief von Uptown nach Downtown, von East nach West. Es war, als wollte ich die Stadt ausmessen mit meinen Schritten. Ich verfolgte keine Muster oder Buchstaben, wie der Detektiv in einem bekannten Roman Paul Austers. Ich folgte meinem Gefühl. Drei Blocks nach rechts, vier nach links, dann wieder geradeaus. Ich lief einem Ziel entgegen, von dem ich weder wusste wann, noch wo ich es erreichen würde. Ich war getrieben von der Sehnsucht, endlich anzukommen in dieser Stadt.

Obwohl ich ständig darauf wartete, geschah es überraschend. Es war an einem trüben Oktobernachmittag um vier Uhr neun auf der Brooklyn Bridge. Vielleicht hatte ich gedacht, dass es nur an einem sonnigen Tag geschehen könnte. Zuvor hatte ich zusammen mit einer brasilianischen Nonne drei Stunden Teller gewaschen, meinen reparierten Schuh von einem russischen Schuster geholt und war in Brooklyn während eines Modelshootings versehentlich durchs Bild gerannt. Ich ging über die Brücke zurück nach Manhattan. Es wehte ein kalter, böiger Wind. Links von mir im Nebel ahnte ich die Freiheitsstatue. Schwebend zwischen Wasser und Himmel lief ich auf die Stadt zu und spürte plötzlich eine tiefe Zufriedenheit, für die ich nur ein Wort fand: Glück. Es war einer jener raren Momente im Leben, in denen ich das Gefühl hatte, zum richtigen Zeitpunkt am richtigen Ort zu sein. Endlich konnte ich stehen bleiben. Ich war umgeben von einem Flechtwerk aus Stahlseilen, einem Gewirr, dessen Sinn sich mir nur bedingt erschloss. Die Eisenträger wurden von handtellergroßen Muttern zusammengehalten, verschraubt für die Ewigkeit. Wie Pocken zogen sich Nieten über das graue, teilweise rostige Metall. Ich klopfte darauf, als wollte ich mich vergewissern, dass es nicht aus Pappe war. Fürchtete ich, in einer Filmkulisse zu stehen? Ich klopfte und hörte: nichts. Ich konnte nichts hören, denn unter mir tosten die Autos über die sechs Spuren des Expressways, neben mir klingelten Fahrräder, über mir kreisten Hubschrauber und aus der Ferne näherte sich ein Motorboot. Ich stand mitten in diesem Lärm, stemmte mich gegen den Wind, fror und war glücklich. Ich griff nach meinem Fotoapparat, der seit meiner

Ankunft vergessen in der Tiefe meines Rucksacks lag. Dann machte ich mein erstes Foto: die graue Silhouette einer Stadt, in der ich soeben angekommen war.

Es war die Erfüllung eines Traumes, den ich nie geträumt hatte. Niemals wollte ich nach Amerika auswandern, wie jener mitteldeutsche Ingenieur, dem diese Stadt die Brücke zu verdanken hatte, auf der ich jetzt stand.

Amerika war immer weit weg gewesen. Zu weit. Sogar in meinen Träumen, denn Amerika war unser Feind. Ich wusste nicht, wie ich etwas lieben sollte, das unerreichbar auf der anderen Seite des Ozeans lag und mich aus der Ferne bedrohte. Und doch war mir Amerika nah. Unbewusst, ohne dass ich darüber nachdachte. Ich las und liebte amerikanische Bücher, sah Filme, hörte Musik. Ich vermied eine geografische Verknüpfung. Vielleicht, weil mir die eigenen Bilder fehlten. Ich übernahm die Worthülsen meiner Lehrer, sprach vom »imperialistischen Aggressor«, der alles und jeden unterdrückte: Vietnamesen, Farbige, Indianer. Als Kind war ich bekennender Indianerfreund. Ich war bereit, die Indianer aus ihren Reservaten zu befreien. Ich war ein Gegner aller Cowboys und Trapper. Ich besaß über zwanzig Gummi-Indianer inklusive Zelten und Ziehbrunnen, aber nur zwei Cowboys. Ein Indianer kostete 1,25 Mark. Niemals hätte ich mein Taschengeld für einen Cowboy ausgegeben. Cowboys bekam ich ungewollt dazu. Beispielsweise, wenn ich mir einen Planwagen kaufte: drei Indianer, ein Planwagen und zwei Cowboys. Der eine Cowboy saß auf dem Kutschbock, hielt mit einer Hand die Zügel und schoss mit der anderen in die Luft, der zweite stand breitbeinig in der Prärie und hatte in jeder Hand einen Colt. Das war Amerika. Das war das Böse, gegen das ich kämpfen musste. Zwanzig Indianer gegen zwei Cowboys. Und damit der Feind überhaupt keine

Chance hatte, biss ich den beiden Cowboys die Colts ab. Mit verstümmelten Händen stellte ich sie meinen mit Messern, mit Pfeil und Bogen und mit Tomahawks bewaffneten Indianern gegenüber und korrigierte so die amerikanische Geschichte.

Und nun stand ich an jenem grauen Oktobertag vor der Hochburg des Bösen und war gerührt. Vor mir lag die Insel Manhattan. Wir hatten in Erdkunde die Kohlevorkommen im Donezbecken behandelt, nicht aber die Lage amerikanischer Städte. Am anderen Ende der Brücke, erhob sich aus dem Wasser ein Bollwerk aus Stein. Es sah aus, als hätten alle Architekten der Welt gleichzeitig den Ehrgeiz besessen, auf diesen wenigen Quadratkilometern zu bauen, egal ob mit Stein, Stahl oder Glas. Ein Wettbewerb, bei dem das entscheidende Kriterium nicht Schönheit, sondern Höhe war. Nicht alle Häuser hatten ihr Ziel erreicht, einige waren klein und schmal geblieben. Andere wiederum drängten sich klobig in die Lücken und nahmen ihren Nachbarn rücksichtslos die Sicht. Es war eine Silhouette unter dem Motto: Dabei sein ist alles.

Als in meiner Geburtsstadt Leipzig Ende der Zwanzigerjahre das erste Hochhaus gebaut wurde, gab die Stadtverwaltung nur die Genehmigung für zehn Stockwerke. Zwei weitere wurden – aus Angst, ein dreiundvierzig Meter hohes Haus könnte das Stadtbild stören – mit Pappe simuliert. Erst nach bestandener Prüfung wurde die Attrappe durch Stein ersetzt.

In New York wäre dieses Haus ein Flachbau geblieben. Hier ging es zur gleichen Zeit um über hundert Stockwerke, um Häuser, an denen Luftschiffe anlegen sollten. War es eine architektonische Vision oder Größenwahn? Ein Haus mit elfhundert Toiletten? Diese Zahl beeindruckte mich am meisten. Ich stand auf der Brooklyn Bridge und sah auf das Empire State

Building. Die gekrönte Königin von New York trug ihre Spitze wie einen extravaganten Hut und war trotz ihrer Größe eine grazile Schönheit.

Diese verwackelte Momentaufnahme ist der Beweis. Der Beweis, dass ich da gewesen bin. Ich sitze in Markkleeberg vor meinem Laptop und sehe auf graue Häuser, die aus einem grauen Meer in einen grauen Himmel ragen.

Auch für die Fotos habe ich einen Ordner angelegt. Mit einem Mausklick lade ich sie von der Speicherkarte des Fotoapparates auf die Festplatte meines Laptops. Ich gebe dem Ordner einen Namen, betrachte die Bilder und schließe die Schublade.

Allem digitalen Wahn zum Trotz befinden sich in meinem New York Ordner nur wenige Bilder: genau ein Dutzend, eine magere Beute. Zwei Monate lang habe ich in einem Zimmer in Harlem gewohnt. Doch es gibt weder ein Bild von der Straße noch von dem Haus. Ganz zu schweigen von der Vermieterin, mit der ich acht Wochen lang die Wohnung teilte. Es gibt ein Bild, ein einziges Bild von meinem Zimmer. Und was ist darauf zu sehen? Mein Laptop.

Ich sitze in Markkleeberg vor meinem Laptop und sehe meinen Laptop in Harlem auf einem Tisch stehen. Er steht auf einer roten Tischdecke. Der Bildschirm leuchtet weiß. Es ist die leere Datei mit dem Namen »NYC«.

Ich war zum Schreiben gekommen. Ich wollte Abstand zu meiner Sprache, zu meinem alltäglichen Leben. Und dann saß ich auf einem Ledersofa und sah sehnsüchtig zu den beschlagenen Scheiben, hinter denen das »Draußen« begann. Das Zimmer war ungewöhnlich groß für New Yorker Verhältnisse. Eine Schlafcouch, ein Sofa, ein Tisch, ein Fernseher. Von meinem Sofaplatz aus blickte ich, über meinen Laptop hinweg, auf eine Klinkerwand. Obwohl die Steine echt waren, hatte der koreanische Hausbesitzer die Wand eigenhändig lackiert und die Fugen weiß gestrichen. Der Anblick erinnerte mich an meine Hausfassade in Markkleeberg. Auch dort sind die Klinker angemalt und die Fugen nachgezogen. Allerdings mehr der Not als der Ästhetik gehorchend. Als zu DDR-Zeiten eine Sperrschicht gegen Nässe eingebaut und zwei Lagen Ziegel ersetzt werden mussten, fanden sich im volkseigenen Baustoffhandel statt der gewünschten roten nur gelbe Steine. Die Mieter hatten die Wahl zwischen weiterhin feuchten Wänden oder einem gelben Streifen rings um das Haus. Sie entschieden sich für die Steine, kauften einen Eimer rote Farbe und strichen, damit es einheitlich aussah, die gesamte Fassade. Wenn ich die DDR beschreiben soll, dann denke ich oft an die meterlangen, mühsam nachgezogenen Fugen an meinem Haus. Ein Anblick, bei dem ich gleichzeitig lachen und weinen möchte.

Ich bin in dieses Land hineingeboren worden. Und so, wie man niemals die Zugehörigkeit zu seinen Eltern infrage stellt, habe ich es als gegeben betrachtet. Doch je älter ich wurde, umso fremder erschien es mir. Von meinem Vater- und Mutterland fiel es in den Rang eines angeheirateten Verwandten. Es war ein notwendiges Übel, dem ich versuchte aus dem Weg zu gehen. Ich verließ es, so oft ich eine Gelegenheit fand, und als die Mauer fiel, überkam mich statt des nun möglichen Gefühls der Nähe die Sehnsucht nach der Ferne. Seither bin ich reisend. Ein Wort, das einen Zustand beschreibt und nichts oder alles sein kann. Und nun saß ich auf einem Sofa in Harlem und sah auf eine gestrichene Ziegelwand.

Von der DDR aus gesehen gehörte Harlem nicht zu New York. Es war der Ort, an dem unsere schwarzen Brüder und Schwestern lebten, die darauf warteten, von mir befreit zu werden.

Für mich unterteilte sich die Welt in Unterdrücker und Unterdrückte, in Böse und Gut, in Weiß und Schwarz. Obwohl ich weiß war, gehörte ich zu den Siegern der Geschichte und war dazu bestimmt, die Völker der Welt vom Joch des Kapitalismus zu erlösen. So jedenfalls stand es in meinen Lehrbüchern. Zur Probe befreiten wir Angela Davis aus dem Gefängnis. Unsere Waffen waren selbst gemalte Bilder, die unsere Klassenlehrerin an den amerikanischen Präsidenten schickte. Aus Dankbarkeit kam die befreite Angela Davis in unser Land und winkte zur Maidemonstration von der Tribüne. Hoch die Internationale Solidarität!

Winkend, auf Tribünen, waren uns die Ausländer am liebsten. Besonders die Russen. Die Russen, die in der Schule Sowjetbürger hießen, waren unsere Freunde. »Die Freunde« hatten eigene Wohnsiedlungen, eigene Kaufhäuser und, wie sich bei einem landesweiten Stromausfall herausstellte, auch eigene Notstromaggregate.

»Im Kreml brennt noch Licht«, hieß es in einem Gedicht in meinem Lesebuch. Die Regierung der Sowjetunion wachte Tag und Nacht über unser Wohl. Als Gegenleistung lernten wir die Sprache unseres Brudervolkes bereits in der Grundschule. Widerwillig. Eine zweite Fremdsprache war nur fakultativ vorgesehen, und die jeweilige Schule entschied nach Verfügbarkeit der Lehrer, ob es Englisch oder Französisch sein sollte. Letztendlich war egal, welche der beiden Sprache wir lernten, denn wir konnten weder nach England noch nach Frankreich fahren. Angela Davis, die uns winkend von der Tribüne grüßte, verstand ich auch ohne Englischunterricht. Sisters and brothers! Das genügte unter sozialistischen Schwestern und Brüdern.

Später versuchte ich, mein Manko mit dem Nachsingen englischer Rocktexte auszugleichen. Wie alle meine Freunde sang ich lauthals und ungeprüft, was ich verstand. Ei känn ged no sädisfägdschn.

Jahrzehntelang schlug ich mich mit meinen dilettantischen Sprachkenntnissen durch die Welt, schämte mich ein wenig, aber nicht genug, um etwas daran zu ändern. Ich war zufrieden, wenn ich mir in der jeweiligen Landessprache ein Bier bestellen konnte.

Wahrscheinlich hätte ich mich auch bis an mein Lebensende damit abgefunden, wenn ich nicht eines Nachts leichtsinnig geworden wäre. Vielleicht lag es an dem Roman, den ich gerade las, Paul Austers *New York Trilogie*. Verpasste Gelegenheiten sind genauso Bestandteil des Lebens wie genutzte Gelegenheiten, stand darin, und ich musste mich wenig mühen, um zu erkennen, dass mein Leben zu weiten Teilen aus ungenutzten Gelegenheiten bestand.

Worauf hoffte ich? Auf Veränderungen, welcher Art auch immer sie sein würden. Ich wollte nicht mehr in Markkleeberg an meinem Schreibtisch sitzen. Ich wollte »reisend« sein. Doch da war das Haus mit den angemalten Ziegelsteinen, das seinen Tribut forderte, der Garten, in dem mir die Pflanzen über den Kopf wuchsen. Wenigstens einige Wochen, dachte ich. Mithilfe meines Laptops befragte ich das Orakel Internet. Die Lösung passte zu Paul Austers Roman: eine New-York-Reise. Lufthansa offerierte mir Flüge zum halben Preis. Der Umtauschkurs des Dollar war günstig wie nie. Sollte ich mich von Billigangeboten verführen lassen und zum Feind reisen? War nun, zwanzig Jahre nach dem Mauerfall, der Tag gekommen?

Den Ausschlag für meine Entscheidung gab die Entfernung. Wo gäbe es mehr Raum für Veränderung als auf der anderen

Seite des Ozeans? Auch sah ich es als Mutprobe. Die Sehnsucht nach Ferne gepaart mit dem Schauder vor dem Bösen. Von einer, die auszog ... Dieser Gedanke gefiel mir.

Wie so oft in meinem Leben machte ich den zweiten Schritt vor dem ersten und buchte sofort einen Flug. Erst danach sah ich die hohen Mietpreise für Hotelzimmer und Apartments.

Vor Beginn meiner Reise hatte ich mir in Markkleeberg vorgestellt, wie es sein würde, wenn ich zum ersten Mal den Central Park betrat. In meinen Träumen lief ich durch einen breiten Eingang über großzügige Wege, die durch eine sanfte Wiesenlandschaft führten. Ich würde spazieren gehen, mir am Kiosk eine Zeitung kaufen, auf Bänken sitzen, auf Wiesen liegen und: Ich würde joggen. Das Joggen sollte Bestandteil meines neuen Lebens werden. Ich sah mich zwischen gelben Taxis über flirrenden Asphalt traben, über Parkwege schweben, leichtfüßig und durchtrainiert. Bei mir hatte die amerikanische Filmindustrie ihr Ziel erreicht. Ich ignorierte, dass ich nur ungern renne, um nicht zu sagen: Ich hasse es. In New York würde alles anders sein. Ich würde jeden Morgen durch den Central Park laufen. Ich würde mich täglich steigern, bis ich mich mühelos in die New Yorker Laufgemeinschaft einreihen konnte. Ich würde dazugehören.

Am ersten Tag nach meiner Ankunft machte ich mich auf den Weg zur Besichtigung meiner Laufstrecke. Sportlich, wie ich sein wollte, verzichtete ich auf den Bus. Nur zwanzig Blocks, dachte ich und lief auf der 7th Avenue geradewegs auf den Park zu. Ich lief. Ich lief, und ich betrachtete die Fassaden. Es waren keine Hochhäuser, wie ich erwartet hatte, sondern zwei- bis vierstöckige Stadthäuser aus rostig braunen Steinen, manchmal rußgeschwärzt. Es gab kaum ein Haus ohne Feuerleiter, und ich brauchte einige Zeit, bis ich begriff, was mich daran irritierte. Die Leitern verliefen in allen Stockwerken in die gleiche Richtung, sodass man bei einem Brand immer erst einige Meter zurücklaufen musste. Kein schnelles Zick und Zack. Aber vielleicht wäre das technischer Unfug gewesen. Ich versuchte mir Feuerleitern in Deutschland vorzustellen. Vergeblich. Wahrscheinlich waren sie abgeschafft worden, wegen der Einbruchgefahr.

Ich lief durch die Kulisse alter amerikanischer Filme und wartete darauf, dass Al Capone um die Ecke biegen und aus seinem Auto heraus das Feuer eröffnen würde. Stattdessen kamen gelbe Schulbusse. Auch die kannte ich aus dem Kino. Die Schüler, die einstiegen, trugen blaue Uniformen, die mich an meine russische Brieffreundin erinnerten. Ein ernstes Mädchen mit einer weißen Schleife im Haar.

Es war Freitag. Ein ganz normaler Freitag, und die Lehrerin vor dem Schultor wünschte allen ein schönes Wochenende, ermahnte die Schüler lachend, die Hausaufgaben nicht zu vergessen, und verteilte Zettel an die Eltern. Einige Kinder hüpften über den Gehweg, andere griffen brav nach der Hand ihrer Mutter. Ein kleiner Junge mit einem viel zu großen Ranzen probte die Unabhängigkeit und lief tapfer und ernsthaft mit drei Metern Abstand vor seiner Mutter her. Er hatte große dunkle Augen, denen die langen Wimpern etwas Schwermütiges gaben. Ein zukünftiger Literaturpreisträger. Daneben hüpfte eine Bachstelze in weißen Strumpfhosen über das Pflaster. Noch waren ihre Bewegungen staksig, aber in wenigen Jahren würde der Gehweg zum Laufsteg werden.

Was hatte ich erwartet? Müllberge vor den Haustüren, in Lumpen gehüllte Bettler, weinende Kinder, Krüppel, Leichen? Die *Amerikanischen Bilder* des Dänen Jakob Holdt waren in der

DDR in hoher Auflage verkauft worden. In diesem Buch hatte ich meine ersten Bilder von Harlem gesehen: Szenen voller Armut und Gewalt, Verzweiflung und Resignation. Fast alle Fotos waren in Schwarz-Weiß auf grobes, DDR-typisches Papier gedruckt, was die Trostlosigkeit noch verstärkte. Die wenigen Farbfotos waren gelbstichig. »*Wenn du mich im Zug mitnimmst durch das Elend von Harlem, seine Gettostraßen im Morgendämmern, hier herrscht immer Nacht. Setz dich ans Fenster und leg die* Times *weg, lies zwischen den Zeilen, welchen Gesichtern du begegnest auf der anderen Seite des Fensters*«, stand neben dem Foto einer verkrüppelten Frau, die auf der Flucht vor einem Vergewaltiger aus dem dritten Stockwerk eines Hauses gesprungen war.

Das waren die Menschen, die auf Befreiung warteten. Durch mich.

Und nun, dreißig Jahre später, stand ich in Harlem. Es war ein ganz normaler Freitagnachmittag, die Sonne schien und eine Lehrerin verabschiedete ihre Schüler. *Have a nice weekend.* Erst jetzt fiel mir auf, dass die Lehrerin weiß war. Eine junge blonde Frau inmitten von Schwarzen, die eigentlich gar nicht schwarz, sondern braun waren. Ein Braun in allen Schokoladentönen dieser Welt: Es gab Alpenmilch, Trüffel, Nugat, Mokka, Zartbitter, Schokolade mit einem Hauch Arabica. Die Farben hießen Kenia, Elfenbeinküste, Jamaika, Senegal oder Haiti.

In meiner Kindheit stand zu jedem Weihnachtsfest unter dem Tannenbaum eine weiß-blaue Pappschachtel mit dem Signet der besten Konditorei unserer Stadt. Darin lag, auf Seidenpapierschnipsel gebettet, ein Schokoladenbaby mit Pausbacken und krausem Haar. »Der kleine Mohr« fehlte zu keinem Weihnachtsfest. Fremd und schön lag er in seiner Schachtel.

Ich muss zugeben, dass mich mehr als die Schokolade der Gumminuckel interessierte, der in seinem Mund steckte. Nach den Weihnachtstagen wurde der Mohr von meinem Vater »geschlachtet« und die Schokolade unter den Familienmitgliedern aufgeteilt. Mir war sie zu bitter. Ich verzichtete auf meinen Anteil und erbettelte mir nur den kleinen roten Gumminuckel.

Ich überlegte, ob die Schokoladenmenschen, die vor mir auf den Straßen von Harlem liefen, sich zu Thanksgiving Babys aus weißer Schokolade schenkten?

In der angeblich apartheidfreien DDR gab es »Neger« und »Mohren« in verschiedenen Ausführungen. Beim Bäcker als »Mohrenkopf« und »Negerkuss«, und im Schaufenster des Spielzeugladens saß eine »Negerpuppe« zwischen blondgelockten Plasteschönheiten. Hoch die Internationale Solidarität! Als die kleine Schwester meiner Schulfreundin zu Weihnachten eine Negerpuppe geschenkt bekam, tauften wir die Puppe: »Änschela«.

Und nun? Nun hatte Amerika einen farbigen Präsidenten. Jedem, der mir in Harlem vom Tag der Vereidigung Obamas erzählte, trieb die Erinnerung die Tränen in die Augen. Es war ein Freudenfest gewesen, ein Fest, für das die Phrasen aus meiner Schulzeit lächerlich wirkten. Sisters and brothers. Den ganzen Tag hätten die Leute auf der Straße gefeiert, sich in den Armen gelegen, getanzt, geweint, sagte meine Vermieterin.

Ich überlegte, was jetzt in der DDR aus meinem Feindbild geworden wäre. Welche Schlagzeilen hätten die Genossen vom Politbüro für diesen Fall bereitgehalten?

Es war wie ein Domino gewesen, die unabhängige Gewerkschaft Solidarność, der polnische Papst, Glasnost mit Gorbatschow, der Fall der Berliner Mauer und nun ein amerikanischer Präsident, der sich nicht als Feind eignete. Zwar waren die Leipziger Montagsdemonstrationen nur ein kleiner Baustein in diesem Gefüge. Aber genau betrachtet hatten wir dazu beigetragen, dass Obama Präsident werden konnte.

Je näher ich dem Central Park kam, umso nobler wurden die Häuser. Die hell gestrichenen Fassaden waren verziert, und in mit Eisengittern begrenzten Vorgärten wuchsen Buchsbäume aus Blumenkübeln. Es gab auffallend viele Beerdigungsinstitute in dieser Gegend. An den Eingangstüren ermahnten Schilder die Besucher, nicht zu essen, nicht zu trinken, nicht zu rauchen und keine lauten Gespräche zu führen. Ich dachte an wogende Gospelchöre.

Als ich den Park endlich erreichte, spürte ich den dringenden Wunsch, meine sportlichen Pläne bei einem Kaffee zu überdenken. Doch die Suche nach einer Parkbank wurde überraschend schwierig: Ich fand den Eingang nicht. Zwar führte die Straße direkt auf den Park zu, teilte sich dann aber und bog links und rechts ab. Ich stand vor einem umzäunten hügeligen Gelände. So hatte ich mir das in Markkleeberg nicht vorgestellt: Wo war der Torbogen, durch den ich schreiten wollte? Alle Parks, die ich kannte, waren eben und weithin einsehbar. Ich fand eine Asphaltstraße, die bergan führte. Vielleicht ein Wirtschaftsweg, dachte ich. Die Straße lief auf ein Gebäude zu, dessen Zweck auf den ersten Blick nicht zu erkennen war. Ich schwankte zwischen Schwimmbad und Klärwerk, suchte nach einem Hinweis und fand nichts. Es war niemand zu sehen, was für ein Klärwerk sprach. An der Seite wand sich ein unbefestigter Weg in die Büsche. Ich zögerte. Ich war nachts durch entlegene Stadtteile Palermos gelaufen, warum sollte ich in New York mitten am Tag Angst haben? Es war ein Wanderweg, gesäumt von Steinbrocken und Wasserfällen. Ich lief über Wurzeln und Schotter und dachte statt an die Schönheit der Natur an Drogendealer und Zuhälter. In der Ferne sah ich eine Brücke und hoffte, dass es mir erspart bliebe, darunter hindurchzulaufen. Ich war sicher, dass im Schutz der Dunkelheit die drogensüchtigen Obdachlosen aus den *Amerikanischen Bildern* auf mich warten und ihre bettelnden Hände nach mir ausstrecken würden. Kurz überlegte ich umzukehren, verwarf diesen Gedanken aber als »deutsch«. Je näher ich der Unterführung kam, umso diffiziler wurde meine Lage. Nun war die Böschung auf beiden Seiten so steil, dass ich bei einer Flucht nicht mehr nach oben klettern könnte. Der Weg wurde immer schmaler, ich lief direkt auf das Dunkel des Tunnels zu. Dann hörte ich die Schritte, feste Männerschritte, die mir entgegenkamen. Ich traf ihn genau unter der Brücke. Es war ein junger Mann, der mich anlächelte und sagte: »How are you!« Dafür hätte ich ihm mein ganzes Geld gegeben.

Als ich endlich wieder eine befestigte Straße erreichte, war ich dankbar wie eine gerettete Schiffbrüchige. Ich lief zurück und entdeckte auf den Asphalt gesprühte Zeichen: Piktogramme für joggende Menschen.

Und da waren sie. Lebendig geworden, kamen sie mir mit federnden Schritten im Takt ihrer Player entgegen, schlugen einen eleganten Bogen um mich und verschwanden hinter der Anhöhe. Vielleicht wäre es klüger, wenn ich mir als sportlichen Einstieg ein Fahrrad ausleihen würde.

Zu meiner Freude entdeckte ich einen Imbissstand. Es gab zwar keinen Kaffee, doch dafür lockten »Pretzeln« und Hotdogs. Ich war bereit zu jeder Sünde, kaufte mir einen Hotdog und tat, was ich seit Stunden tun wollte: Ich setzte mich auf eine Bank.

Und dann sah ich es: Harlem liegt am Meer. Am »Harlem

Meer«. Gemessen an den Flüssen, die Manhattan rahmen, war es kein Gewässer, auf das ein amerikanischer Superlativ gepasst hätte. Ein deutscher Parkteich mit Entenfamilien und Schwänen. Hieß es deshalb »Meer« und nicht »Sea«?

Ich sah auf das Wasser und biss in den Hotdog. Die Masse in meinem Mund vereinte alle Vorurteile, die ich jemals über amerikanisches Essen gehört hatte. Der Teig des weichen, geschmacksneutralen Brötchens setzte sich wie Kitt zwischen meine Zähne. Die Wurst schmeckte, wie sie aussah. Ausgelaugt. Sie hatte ihren Geschmack an mehrere Hundert Liter Wasser abgegeben. Der Ketchup war offenbar mit diesem Wasser verdünnt worden und tropfte als Kunstblut auf meine Hose. Willkommen in Amerika. Dabei hätte es nach Heimat schmecken müssen, denn sowohl die Bockwurst als auch der Ketchup waren von Deutschen erfunden worden, und der Hotdog verdankte seinen Namen den »wurstförmigen« Hunden der deutschstämmigen Metzgermeister. Genau genommen war er ein »Heißer Dackel«.

Im Osten Deutschlands hatte es weder »Heiße Dackel« noch »Hotdogs« gegeben. Wir aßen nichts vom Teller unserer Feinde. Wir erfanden die Wurst neu. Der sozialistische Hotdog hieß »Ketwurst«, was die Abkürzung von »Ketchupwurst« war. Das grenzte den Verkauf ein, denn der rote Ketchup war – überraschend im Sozialismus – Mangelware und reichte nicht für das ganze Land. Deshalb gab es die Ketwurst bevorzugt in Berlin. Für unsere Hauptstädter nur das Beste. Ein Brötchen wurde auf einen Metalldorn gespießt, eine Bockwurst in Ketchup getaucht und in das vorgebohrte Loch gesteckt. Fertig war die Ketwurst. »Überholen, ohne einzuholen«, hieß die Devise. Wir wollten uns unterscheiden von unseren kapitalistischen Feinden und wandelten den »Hamburger« in eine »Grilletta«, Pizza in »Krusta« und die Brathähnchen in »Broiler« um. Während am Samstagabend in Westdeutschlands Wohnzimmern »Toast Hawaii« gegessen wurde, machten wir es uns mit einer »Karlsbader Schnitte« gemütlich. Doch trotz all dieser Bemühungen gelang es nicht, das Tischtuch zwischen Ostdeutschland und Westdeutschland zu zerschneiden. Schuld daran war das Fernsehen, das uns auf verbotenen Kanälen bunte Werbebilder sandte und uns süchtig machte nach Dingen, die wir nicht kaufen konnten. Manchmal, zum Weihnachtsfest oder zu Geburtstagen, kamen sie als Geschenk getarnt in großen Paketen von unseren westdeutschen Verwandten, die so nah und doch Lichtjahre von uns entfernt lebten. Wir waren süchtig nach dem geheimen »Duft der großen weiten Welt« und hätten für eine Tafel Milka-Schokolade oder eine Tasse »Krönung« den Sozialismus mit all seinen Ketwürsten und Fischbuletten verraten.

Im Falle meines New Yorker Hotdogs wäre es besser gewesen, diese Sucht wäre ungestillt geblieben. Ich sah auf das »Harlem Meer« und überlegte, wie ich ihn unauffällig an die Enten verfüttern konnte. Ich wagte es nicht. Vielleicht war öffentliches Hotdog-Verfüttern in Amerika etwas Verbotenes wie öffentliches Rauchen oder Alkoholtrinken. Tapfer, ohne mir den Sozialismus zurückzuwünschen, aß ich alles auf.

Auf dem Rückweg nahm ich resigniert den Bus. Vor den Augen aller Fahrgäste steckte ich meine Fahrkarte dreimal verkehrt herum in den Entwerter, bei nur vier Möglichkeiten eine bemerkenswerte Leistung. Der Busfahrer sah mir geduldig zu. Keiner der Fahrgäste beschwerte sich, weil ich ihn am Weiterfahren hinderte. Als ein dicker Mann in den Bus gehievt werden musste, warteten alle klaglos, bis die Stufen ausgeklappt waren und er sich breitbeinig daraufstellte. Wie auf einer Hebebühne fuhr er nach oben. Niemand sagte: Soll der Dicke doch laufen! Und niemand stöhnte über die beiden Rollstuhlfahrer, die an der nächsten Haltestelle auf ihren Zustieg warteten. Als die Einstiegsprozedur begann, erhoben sich drei Männer von ihren Klappsitzen und machten Platz. Neben aller Energie, die diese Stadt ausstrahlte, spürte ich eine große Gelassenheit. Langsam entspannte ich mich. Ich sah aus dem Fenster. Es dämmerte. Auf den Gehwegen schoben Frauen ihre Einkäufe in wackligen Drahtkörben nach Hause. Ich stellte mir vor, wie die Frauen nach Hause kamen, kochten und mit ihrer Familie am Tisch saßen. Fast hätte ich sie darum beneidet, wäre nicht das leicht säuerliche Aufstoßen aus meinem Magen gewesen.

Was sind das eigentlich für »Pretzeln« an diesen Ständen im Park?, fragte ich meine Vermieterin.

Um Himmels willen, das darfst du niemals essen, sagte sie. Und erst recht keinen Hotdog!

Das würde ich nie tun, sagte ich.


Meine Vermieterin verbot mir, in den Läden in unserer Nähe einzukaufen. Das sei nichts für mich. Sie wollte mich bewahren vor fettfreier Milch und Pappmascheebroten. Ich war selbst schuld. Als bekennende Italienfreundin konnten mir solche Lebensmittel nicht zugemutet werden. Meine Vermieterin wies mir den Weg zu dem einzigen Supermarkt, den sie mir für meine Einkäufe genehmigte. Es war ein langer Fußweg. Ich musste zurück bis zur 125. Straße laufen, um dann einen großzügigen Bogen um den St. Nicholas Park zu schlagen. Dann müsste ich links abbiegen und den Markt unten am Flussufer finden. Meine Frage nach öffentlichen Verkehrsmitteln wurde abschlägig beschieden: Das ist zu kompliziert für dich! Auch in einer Stadt mit Schachbrettstruktur war es nicht immer einfach, den richtigen Weg zu finden. Zumindest für mich. Eine Straße zu früh, und ich würde im Park landen, eine Straße zu spät und ich stünde in einer Sackgasse. In dieser Gegend verstrickte sich die Stadt in sich selbst, und auch Paul Austers Detektiv hätte Schwierigkeiten gehabt, einen Sinn in den gelaufenen Mustern zu finden. Ich musste mir keine Mühe geben, vom Weg abzukommen. Ich erlag den Lockungen des Old Broadway, lief ergeben unter den rostigen Stahlträgern der Subway entlang, die an dieser Stelle eigentlich eine Upway war, eine U-Bahn auf Stelzen.

Ich habe zwei heimliche Lieben. Die eine für Bergsteigerfilme, die andere für Industriebauten. Wie andere staunend vor barocken Kirchen stehen oder sich an Jugendstilfassaden ergötzen, fühle ich mich zu Werkhallen und Fabrikschornsteinen hingezogen. Vielleicht, weil sie nicht protzen. Sie müssen keinen Schein wahren, sie sind nicht um ihrer Schönheit willen errichtet worden, sondern sie verfolgen einen sichtbaren Zweck. Ich kann Stahlträger mit der gleichen Hingabe betrachten wie die Gemälde der alten Meister. Für mich ist die New Yorker Subway ein Kunstwerk, ein begehbares Wunder. Was einst in Fritz Langs *Metropolis* als Vision erschien, wirkt heute wie eine archaische Schwarz-Weiß-Fotografie. In Städten, die nicht von einem Krieg zerstört wurden, ist die Zeit stehen geblieben, weil es keinen Zwang gab, die Dinge zu ersetzen. Vieles blieb, wo und was es war. Auch wenn die Stadt New York sich nicht unbedingt als Vorbild aufdrängte, hatte die Subway in Würde alt werden können. Anders in meiner Stadt. Nach dem Krieg war ein anderer Feind der Architektur gekommen: die Ideologie. Was die Bomben nicht zerstört hatten, ließ der Sozialismus in sich zusammenfallen. Als Sieger der Geschichte konnten wir auf alles Vergangene verzichten. Es störte geradezu. Was nutzte einer sozialistischen Innenstadt der Renaissancebau einer Universität? Sollten wir hinter einer großbürgerlichen Fassade die Lehren von Marx, Engels und Lenin verbreiten?

Mein Vater konnte sich nicht so recht entschließen, ein guter Sozialist zu sein. Während der unvermeidbaren Sonntagsspaziergänge zog er mich an der Hand durch die Straßen, zeigte mir bröckelnde Fassaden und hielt mir Vorträge über die einstige Schönheit der Stadt. Er schwärmte von der Universität, die zwar ohne Dach, aber immer noch majestätisch den Karl-Marx-Platz beherrschte. Von einer Seitenstraße aus konnten wir in das Gebäude hineinsehen, und ich sah eine Treppe, die zu einer von steinernen Tieren bewachten Balustrade führte, über der sich der Himmel wölbte. Überall wucherte Unkraut, und aus den Fensterhöhlen wuchsen dünne Bäume. Während mein Vater über den Wiederaufbau referierte, betrachtete ich die flirrenden Birkenblätter und wünschte mir, dass auch aus unserem Wohnzimmerfenster ein Baum wachsen würde.

Unser Staatsratsvorsitzender hatte ganz andere Ideen. Ihn störte nicht nur der reparaturbedürftige Renaissancebau, sondern auch die benachbarte Dominikanerkirche, die wie durch ein Wunder von Bomben verschont geblieben war. Walter Ulbricht konnte es nach einem Vortrag in der Oper nicht hinnehmen, dass mehr Menschen aus dieser Kirche als aus der Oper gekommen waren. Was die Fliegerbomben nicht geschafft hatten, vollendeten die volkseigenen Bagger. Am 30. Mai 1968 wurde die Leipziger Universitätskirche vor den Augen ihrer Gemeinde gesprengt. Zerstörung »im Namen des Volkes«, das allerdings nur ungern seinen Namen dafür hergeben wollte und sich am Tag der Sprengung unerwünscht zusammenrottete. Auch ich war dabei, an der Hand meines Vaters. Zum ersten Mal in meinem Leben sah ich Erwachsene weinen. Polizisten achteten darauf, dass niemand fotografierte. Der Platz bebte unter der ersten Detonation. Vor unseren Augen erhob sich die Kirche, bäumte sich einige Meter auf, als wolle sie davonfliegen, dann fiel sie in sich zusammen. Wir standen in Staubschwaden gehüllt, und mein Vater fotografierte aus seinem Jackenärmel heraus. Der Staub senkte sich auf unsere Köpfe, und dann geschah ein Wunder. Aus dem Staub erschien der Turm einer anderen Kirche. Die gesprengte Universitätskirche hatte den Blick auf Sankt Nikolai freigegeben. Jene Nikolaikirche, in der zwei Jahrzehnte später mit den Friedensgebeten eine neue Zeitrechnung für die Stadt begann. Das war an meinem Geburtstag im Jahre '89, als ich in Krakau Rotwein aus einem Puppenklo trank.

Und nun, wiederum zwanzig Jahre später, würde ich meinen Geburtstag in New York feiern. Während sich in meiner Stadt alle Redenschreiber für die Revolutionsfeierlichkeiten rüsteten und die Journalisten stritten, wie es nun wirklich gewesen war, stand ich auf dem Old Broadway, mitten in Harlem. Wäre ich ein Orang-Utan gewesen, hätte ich mir auf die Brust getrommelt. So grinste ich in eine imaginäre Kamera und stellte mir das Foto vor: ich auf einer staubigen Straße, lässig an einen rostigen Eisenträger gelehnt, hinter mir vorbeihuschende Cabs. Ein schönes Coverbild für das Rockalbum, auf das ich schon mein ganzes Leben lang hoffte, obwohl ich weder singen noch ein Instrument spielen konnte.

Mit einem Anflug von Wehmut lief ich unter den Gleisen entlang.

Die Straße bebte im Rhythmus der Züge, die über mich hinwegfuhren. Ich atmete den Geruch von Schmieröl ein wie ein Parfüm. Über die Fahrbahn wehten Papierfetzen, und vor meinen Füßen klebten Taubenfedern auf einer undefinierbaren Flüssigkeit.

Ich musste aufhören, alles Fremde schön zu finden. Auch hier wurden historische Bauten abgerissen, um Platz für hässliche Hochhäuser zu machen. Im Namen des Geldes. Was war eigentlich verwerflicher?

Während meiner Überlegungen, die, wie so oft, zu keinem Ergebnis führten, war ich zu weit gelaufen. Ich wusste es sofort, als ich abbog. Ein böiger Wind schlug mir entgegen, streifte mich mit einem Hauch, der die Hitze ahnen ließ, die im Sommer diese Stadt beherrschte. Vor mir lag der Hudson. Die Bäume am anderen Ufer leuchteten gelb und rot, der von allen gepriesene Indian Summer. Das Wasser des Hudson war grau geblieben. Langsam schob sich ein Boot ins Bild. Ich befand mich in einem ungewohnten Zustand: Ich hatte Zeit. Ich konnte stehen bleiben und zuschauen, wie das Boot in Richtung Meer trieb. Niemand drängte mich. Niemand zwang mich, jetzt und sofort einkaufen zu gehen. Als das Boot verschwunden war, ging ich auf die andere Seite der Hochstraße und suchte von oben nach dem Supermarkt, nach irgendeiner Spur, einer Leuchtreklame oder einer Werbetafel. Aber ich sah nur flache, geteerte Dächer, Feuerleitern, Autowracks. Ich lief zurück und achtete auf die Einkaufsbeutel der Passanten. Die Aufschrift auf den Plastiktüten wies mir den Weg. Der Markt lag, versteckt, direkt unter der Hochstraße und hatte mit seinen unebenen, farbig getünchten Wänden die Anmutung einer Fahrradwerkstatt. Es gab weder eine Glasfassade noch eine Leuchtreklame. Die Einkaufswagen standen an einer Wand ohne Tür. Eingänge schienen in dieser Stadt mein Problem zu werden. Ich fuhr mit dem Korb eine Ehrenrunde um das Haus und betrat den Laden durch den Hintereingang. Es war ein europäisches Schlaraffenland mit amerikanischen Ausmaßen. Obwohl das Gebäude von außen klein wirkte, war es bis unter die Decke vollgestopft. Vielleicht waren die Wände deshalb so bucklig. Ständig war jemand damit beschäftigt, neue Ware in gerade erst entstandene Lücken zu quetschen. Die Regale bogen sich unter der Last. Ein Minzblättchen mehr, und alles würde ächzend auseinanderbrechen. Ich zwängte mich durch die schmalen Gänge und leistete Abbitte. Für mich waren alle Amerikaner Hotdogs verschlingende Ungeheuer gewesen, die in keinen Flugzeugsitz passten. Doch es schien auch andere zu geben. Wer sonst sollte den Büffelmozzarella in Salzlake, die frischen Kräuter oder die provenzalischen Nussbrote kaufen? Ich schob meinen Wagen andächtig durch die »Cheese World« und stand dann vor einer Tür aus harten Plastikfolien, Polizeischilde, die ich mutig mit meinem Korb beiseitedrückte. Es war die Schleuse zum gekühlten Schlaraffenland. Wenn ich in Markkleeberg ein Huhn kaufen will, öffne ich die Kühltruhe. In New York betrete ich die Kühltruhe. Hier werden die Kunden heruntergekühlt und zu den Hühnern gelassen. Nach amerikanischen Maßstäben ist mein Kühlschrank zu Hause lauwarm. Hier bedeutet kalt eiskalt. Ich lief durch Alaska und betrachtete auf Crasheis liegende Garnelen, Doraden, Calamari, Jakobsmuscheln, Miesmuscheln, Venusmuscheln, Lachse, Forellen, Wolfsbarsche, ein Angebot, das jedem Vergleich mit einem süditalienischen Fischmarkt standhielt. Doch es gab einen entscheidenden Unterschied: Es roch nicht nach Fisch und es gab keine Fliegen. Wahrscheinlich waren sie erfroren, bevor sie sich einem Fisch nähern konnten. Ich wünschte mir eine Großfamilie, für die ich kochen konnte. Dieser Wunsch füllte meinen Einkaufswagen.

In gewisser Weise hatte ich diese Familie gefunden.

An meinen ersten Abend in Harlem war ich von meiner Vermieterin in eine Jazzbar mitgenommen worden, vorbeugend gegen den Jetlag, den ich ja, was wir beide zu diesem Zeitpunkt nicht wissen konnten, niemals bekommen würde. Es war ein Ausflug mit Folgen. Ich setzte mich auf einen freien Platz. Interessiert hörte ich in den Musikpausen auf die Stimmen und war überrascht, wie gut ich den englischen Gesprächen folgen konnte. Es dauerte einige Zeit, bis ich begriff, dass alle Deutsch sprachen. Ich saß mit sieben Deutschen an einem Tisch. Sieben Deutsche auf einen Streich, die mich begrüßten, als wäre ich für immer gekommen. Durch den Lärm riefen sie mir ihre Namen zu: Heidi, Annette, Sigrid, Anna. Namen, die einen vertrauten Klang hatten. Einen Klang, der mir vorgaukelte, ich wäre mit ihnen zusammen zur Schule gegangen. Mitten in Harlem spürte ich die pubertäre Vertrautheit von Klassenkameraden. Wir verabredeten uns für die nächsten Tage. War das die amerikanische Oberflächlichkeit, vor der mich alle gewarnt hatten? Alle werden dich einladen, hatten sie mir zu Hause prophezeit, aber niemand wird sich an sein Versprechen erinnern.

Die erste Einladung hatte ich schon Wochen vor meiner Reise erhalten. Eine New Yorker Stammtischrunde würde sich freuen, mich zu sehen. Es war nicht irgendeine Runde, sondern der von Oskar Maria Graf gegründete Stammtisch. Ein Treffpunkt für alle, die es damals geschafft hatten, Europa zu verlassen.

Die Geschichte des jüdischen Stammtischs war eines der ersten Projekte unserer Radioredaktion gewesen. Anfang der 1990er Jahre meldete sich eine Studentin und brachte uns eine Tüte voller Kassetten, die sie angeblich in New York aufgenommen hatte. Zu diesem Zeitpunkt hatte ich es gerade mal mit dem Bus nach Paris geschafft; New York lag für mich auf der anderen Seite des Mondes.

Es war eine Zeitreise. Die Stimmen, die wir hörten, kamen aus einer fremden Welt, doch nicht wie erwartet aus einer amerikanischen, sondern aus einer verlorenen Welt. Fern von Europa trafen sich seit vielen Jahrzehnten Mittwoch für Mittwoch Entkommene und unterhielten sich in der Sprache ihrer Heimat. Es rührte mich, dass sie, nach allem, was man ihnen angetan hatte, ihre Sprache nicht hassten. Im Gegenteil, sie betrachteten sie als einen Schatz, für viele war es der einzige, den sie über den Ozean gerettet hatten.

»Das Schönste an der amerikanischen Flagge sind ihre rot-weißen Streifen, sagte ein österreichischer Einwanderer nach 37 Jahren und meinte es nicht wegwerfend – Amerika wegwerfend –, sondern im Gegenteil dankbar, dass dieser große Kontinent langsam die Farbe seiner Heimat annahm«, schrieb einst Fritz Bergammer, der Ehemann von Gaby Glückselig, bei der ich nun eingeladen war.

Ich konnte mich nicht entscheiden, was ich mitnehmen sollte. Was war das deutscheste aller Gerichte? Was würde an die verloren gegangene Heimat erinnern: Kartoffelsalat? Apfelkuchen oder Quarkkeulchen? Mit meinen Einkäufen hätte ich die ganze Palette der deutschen Küche bedienen können.

Ich entschied mich für Apfelkuchen mit Butterstreuseln. Mit dem frisch gebackenen Kuchen fuhr ich in die 89. Straße.

Genau wie in der Radiosendung wies mir der Doorman mit sonorer Stimme den Weg zur Stammtischrunde: fünfter Stock, linker Fahrstuhl, Gaby Glückselig. Welch schöner Name! Wie konnte man ein Volk hassen, dessen Menschen solche Namen trugen?

Als sich die Wohnungstür öffnete und ich den Raum betrat,

fühlte ich mich, als wäre ich schon oft da gewesen. Mir kam alles bekannt vor, die Gespräche, die bunten Plastikbecher auf dem Tisch, das Buffet am Fenster, auf das jeder, der ins Zimmer kam, seine mitgebrachten Speisen und Getränke stellte. Ich saß auf einem niedrigen Sofa, eingehüllt in Stimmen, und schloss für einen Moment die Augen. Jetzt war ich im Inneren des Radios. Damals in der Sendung hatten sie darüber gestritten, ob »Geschäftlhuber« ein deutsches Wort sei. An diesem Abend redeten sie über eine Deutschlandreise, über den Besuch in der Berliner Staatsoper, über den netten Herrn, der einer der anwesenden Frauen Komplimente gemacht hatte. Hat er dich angesprochen? Wie sah er aus? Hat er dich eingeladen? Was habt ihr getrunken? Und dann? Sie dehnten das Fragezeichen, und plötzlich wurden aus den betagten Damen kichernde Teenager.

Die über fünfundneunzigjährige Gaby Glückselig, die, in sich zusammengesunken, von ihrem Sessel aus die Gespräche verfolgte, lächelte und nippte mit einem Trinkhalm an ihrem mit Wasser verdünnten Wein. Es fiel ihr schwer, den Kopf zu heben, seit einiger Zeit brauchte sie eine Pflegerin. Doch auf die Idee, den Stammtisch in ihrer Wohnung abzusagen, wäre sie nie gekommen. Dieser Stammtisch war heilig. Hans Sahl war hier zu Gast gewesen, Uwe Johnson, Wieland Herzfelde, Bertolt Brecht. Sie reichten mir das Gästebuch, und ich suchte nach den Namen, die ich kannte. Wie erwartet fand ich den Namen der Radioautorin, aber auch den Namen des Freundes, mit dem ich damals in der Rundfunkredaktion zusammengearbeitet hatte. Er war seit Jahren tot, und es war ein merkwürdiges Gefühl, in New York seine Handschrift zu lesen. Ich erinnerte mich, dass es ihm viel bedeutet hatte, hier gewesen zu sein.

Er war ein Freund, mit dem ich schon in meiner Studienzeit meine Zweifel teilen konnte. Unabhängig voneinander waren wir damals zu einer schockierenden Erkenntnis gekommen: Die DDR-Politik war antisemitisch. Und was noch viel schlimmer war, es schien niemanden zu interessieren.

Diese Erfahrung machte ich bereits als Schulkind. Zusammen mit meiner Klasse besuchte ich das Konzentrationslager Buchenwald und war, wie alle anderen auch, zutiefst erschüttert. Zum Abschluss legten wir am Mahnmal für die ermordeten Kommunisten und Widerstandskämpfer einen Strauß Nelken nieder und gedachten in der Straße der Nationen der Opfer. Dann machte ich einen entscheidenden Fehler: Ich fragte die Museumsführerin, ohne jegliche Absicht auf Provokation, nach dem Gedenkstein für die ermordeten Juden.

Ich fragte, weil ich mich erinnerte, dass der Vater von Onkel Joseph Häftling in Buchenwald gewesen war. Onkel Joseph war der Freund meines Vaters und Halbjude. Über das Wort Halbjude hatte ich als Kind oft nachgedacht und befunden, dass es etwas Abwertendes hatte, nichts Halbes und nichts Ganzes, wie Halbschwester oder Halbschwimmer.

Onkel Joseph hatte nach dem Krieg Leipzig verlassen und war nach Westdeutschland gezogen, was für mich der wichtigere Teil seiner Biografie war, weil er uns von dort Weihnachtspakete schickte. Wollte ich mich damit brüsten, das Denkmal für seinen Vater gesehen zu haben, um eine extra Tafel Milka-Schokolade zu bekommen? Ich erinnere mich nicht mehr. Ich erinnere mich nur, dass ich sofort nach meiner Frage spürte, etwas falsch gemacht zu haben. Die Antwort war ein prüfender Blick und Schweigen. Es war ein Schweigen, das sich durch meine ganze Kindheit zog, denn auch bei uns zu Hause wurde wenig über das Jüdischsein von Onkel Joseph gesprochen. Erst nach und nach erfuhr ich die Geschichte von den halbierten Lebensmittelmarken für Onkel Josephs Familie. Die fehlende Hälfte hatte mein Vater im Krieg mit Lebensmitteln aus dem Gemischtwarenladen meiner Großmutter ausgeglichen und damit, nach meinem Verständnis, seinen Freund gerettet. Ich begriff nicht, wieso mein Vater nicht darüber sprechen wollte. Er hatte einen Juden gerettet, wenn auch einen Halbjuden. Warum verzichtete er darauf, ein Held zu sein?

Noch schwieriger war es bei meiner Mutter. Als ich das erste Mal ein Foto von Anne Frank sah, hielt ich es für ein Kindheitsfoto meiner Mutter. Die beiden hätten Schwestern sein können. Als ich danach fragte, bekam ich eine barsche Antwort: Wir hatten keine Juden in der Familie! Es war ein Ton, der alle weiteren Fragen verbot.

Auch in der Schule wurde das Thema als abgeschlossen betrachtet. »Faschismus und Antisemitismus gehören der historischen Vergangenheit an«, stand in meinem Geschichtsbuch. Damit war die Sache erledigt. Dementsprechend fiel auch das Denkmal für die Leipziger Synagoge aus. Ein kleiner Stein am Gehwegrand mit dem Wort »Gedenkt!«. Als hätte es in Leipzig nie eine große jüdische Gemeinde gegeben, war aus dem Grundstück der abgebrannten Synagoge ein mit Büschen gesäumter Parkplatz geworden.

Als Gaby Glückseligs Bruder Leo nach tagelanger Überfahrt in Staten Island ankam und die uniformierten Polizisten sah, bekam er Angst und sagte: »Nun sind wir von einem Gefängnis in ein anderes gekommen.« Ein Polizist, der in seiner Nähe stand, legte ihm den Arm um die Schultern und sagte auf Jiddisch: »Wir werden Sie nicht zurückschicken!«

Noch Jahre nach Leos Tod wurde diese Geschichte am

Stammtisch erzählt. Der Stammtisch war ein lebendiges Museum, in dem Erinnerungen weitergegeben wurden und immer noch werden. Damit diese Geschichten nicht verloren gingen, gab es »Neuzugänge« wie Michael, einen virtuosen Akkordeonspieler, der Hebräisch lernte und mit dem jüdischen Glauben sympathisierte. Er war in gewisser Weise ein Wunschjude. Als Sohn einer Irin und eines Kroaten in Rockaway aufgewachsen, hatte er hier am Stammtisch ein Stück Heimat gefunden und in Harry Asher, den er während der letzten Lebensjahre gepflegt hatte, einen väterlichen Freund.

Wie eh und je wurde auch bei meinem Besuch über Politik gestritten, über Sprache, das Leben, über Literatur, am liebsten über alles zugleich. Mit einem »Nicht alle auf einmal!« ordnete Gaby Glückselig das Chaos.

Eine der betagten Damen hatte einen Stapel Bücher mitgebracht und vor sich auf den Tisch gelegt. Schützend, mit beiden Armen, umschloss sie ihr Lebenswerk. Hin und wieder nahm sie ein Buch zur Hand. Doch sobald sie es öffnete, wurde sie mit einem barschen »Jetzt nicht, Margot!« davon abgehalten, daraus vorzulesen. Margot Scharpenberg galt in den frühen 1960er Jahren in Westdeutschland als großes Lyriktalent. Jetzt war sie fünfundachtzig Jahre alt, schrieb noch immer und wartete noch immer auf ihren Welterfolg. Ungeachtet ihres Alters ging sie jedes Jahr für zwei Monate nach Deutschland auf Lesereise. »Hier will ja niemand, dass ich lese«, sagte sie leise zu mir.

Ob ich aus meinem Buch in New York lesen würde?

Ja, sagte ich.

Auf Deutsch?

Nein, sagte ich, auf Englisch.

In meinem Überschwang war ich dem Rat eines Freundes gefolgt und hatte dem Goethe-Institut in New York mein Kommen für den Herbst angekündigt. Ich dachte dabei an einen gemeinsamen Kaffee, an ein Gespräch unter Landsleuten. Stattdessen kam eine Mail auf Englisch. Hat Goethe eigentlich Englisch gesprochen? Es war die Einladung zu einer Lesung. Ob ich mir das zutrauen würde? Natürlich.

Auch auf Englisch?

Ich zögerte einen Moment, dann schrieb ich: Yes, I can.

Am nächsten Tag meldete sich eine Organisation mit Namen »Words without borders«. War dieser Name eine Anspielung auf meine Sprachkenntnisse? Ich war erleichtert, als ich merkte, dass es sich um ein Internetportal handelte, das, betrieben von Enthusiasten und finanziert von Spendengeldern, bekannte und unbekannte Autoren aus aller Welt zusammenführte.

Innerhalb einer Stunde war vereinbart, dass die ersten Kapitel meines Buches übersetzt würden. Wir mailten, und ich dankte allen Göttern dieser Welt für diese segensreiche Form der Datenübertragung, die mir gestattete, mit Übersetzungsprogrammen über meine Sprachdefizite hinwegzutäuschen. Der große Bluff gipfelte in einem Lesungstermin am 9. November, dem Tag des Mauerfalls. Ich fühlte mich geehrt. Warum sollte es mir nicht gelingen, einen englischen Text vorzulesen? Ich würde ihn auswendig lernen und so meine Schwäche kaschieren. Wie ein Gedicht, dachte ich. Doch schon nach einem Tag wich die Vorfreude der Panik. Was, wenn jemand das Wort an mich richten würde?

Es blieben vier Monate bis zum Lesungstermin. Not macht großzügig. Kurz vor Sommerbeginn ging ich zum teuersten Sprachinstitut in meiner Stadt.

Ich habe ein Problem, sagte ich. Ich spreche kein Englisch.

Da sind Sie hier richtig, sagte die Frau am Empfang. In zwei Jahren sprechen Sie fließend.

So viel Zeit habe ich nicht. Ich habe eine Lesung in New York.

Wann?

In vier Monaten.

Die Frau betrachtete mich, als hätte ich drei Köpfe.

Jetzt haben Sie ein Problem, sagte ich.

Ich lernte, wie ich während meiner gesamten Schulzeit nicht gelernt hatte. Ich lernte in Straßenbahnen, in Zügen, sprach beim Laufen leise vor mich hin und hielt Reden in der Badewanne. Ich saß nachts vor meinem Laptop, blökte die vorgeschriebenen Sätze in ein Mikrofon, führte Dialoge mit virtuellen Gesprächspartnern.

Plötzlich begann ich, die Texte meiner Rockplatten zu verstehen. Es waren Botschaften, die seit Jahren für mich bereitstanden. »Jesus was a sailor«, wie wunderbar! »Freedom's just another word for nothing left to loose«. Ich war berauscht. Amerika, ich komme!

Doch meine Euphorie wurde innerhalb weniger Minuten zerstört. Aus Eitelkeit suchte ich im Internet nach der Ankündigung meiner Lesung und wäre beinahe mit dem Gesicht auf die Tastatur gefallen. Unter den eingegebenen Suchbegriffen »9. November« und »Words without borders« bot mir das Internet ein Galadinner mit Lesung an: Eintritt 500 Dollar. Das allein hätte für eine Ohnmacht gereicht. Doch es gab noch eine Steigerung. Auf der Liste der lesenden Schriftsteller stand: Paul Auster.

Ich liebte seine Bücher, weil sie ein Sammelsurium merkwürdiger Gestalten beherbergten. Gestalten, die sich zwischen den Seiten einnisteten, wie Klebstoff, den man nicht mehr abwaschen konnte. Sie folgten weder literarischen noch alltäglichen Gesetzen und wahrscheinlich nicht einmal mehr dem Willen des Autors, der sie erschaffen hatte. Es waren Gestalten, die plötzlich auftauchten, sich in den Geschichten verstrickten und auf mysteriöse Weise wieder verschwanden. Letztendlich war ich nie sicher, ob sie nicht eines Tages bei mir zu Hause an meinem Küchentisch sitzen könnten. Alles in diesen Büchern war die Suche nach etwas, das es nie geben würde. Vielleicht waren sie mir deswegen so vertraut.

Und nun sollte ich neben Paul Auster auf einer Bühne stehen? Starr vor Angst verharrte ich vor meinem Laptop. Auch wenn ich in wenigen Monaten das Pensum von zwei Jahren absolviert hatte, konnte es nicht darüber hinwegtäuschen, dass die von mir erreichte Sprachstufe »Survival« hieß. Ich würde überleben. Mehr nicht.

Ich musste handeln. Anstatt Unsummen für ein Hotelzimmer oder ein Apartment auszugeben, beschloss ich, mir ein Zimmer zur Untermiete zu suchen. Ich würde viel Geld sparen und wäre gleichzeitig gezwungen, jeden Tag Englisch zu sprechen.

Learning by doing. Ich war begeistert von meiner Idee. Den ganzen Tag lang würde ich mein Roommate mit meinen Sprachkenntnissen beglücken.

*Roommate, sublet* und *temporary* waren die ersten Wörter gewesen, die ich, mit meinem Laptop vereint, bei meiner Zimmersuche lernte. Das Geheimnis hieß »Craigslists«. Ob eine Wohnung, ein Haus, ein Zimmer oder nur ein Bett – was auch immer in New York zu vermieten war, hier konnte ich es finden. Ich nahm mir vor, Askese zu üben und mich auf das Nötigste zu beschränken. Ich brauchte: ein Bett, einen Schrank, einen Stuhl und einen Tisch. Nächtelang surfte ich über ein Meer von Zimmerangeboten und geriet in Seenot. Diese Stadt war einfach zu groß. Ich benötigte Hilfe. Die Freunde, die ich fragte, erzählten mir Schauergeschichten von Vermietern, die unablässig Partys feierten, mit Drogen dealten und ihre Mieter sexuell belästigten. Es gebe Wohnungseigentümer, die ihr Zimmer nur durch einen Vorhang teilten, und, einem Gespenst gleich, in einer Ecke ihres Apartments wohnen blieben. Du wirst keine ruhige Minute haben in dieser Stadt!

Bei Nachfrage stellte sich heraus, dass es sich um Berichte aus zweiter Hand handelte. Keiner meiner Freunde war jemals selbst in New York gewesen.

Ich brauchte einen kompetenten Rat. Da fiel mir der jüdische Stammtisch ein. So kam es, dass mich Michael beriet, der Akkordeonspieler. Er selbst kam aus Queens, verfügte aber, dass ich in Brooklyn wohnen sollte, konkret in Williamsburg. Nirgendwo sonst. Zur Bekräftigung seiner Entscheidung schickte er mir ein Buch: *The Brooklyn Follies* von Paul Auster. »I was looking for a quiet place to die. Someone recommended Brooklyn…«

Ausgerechnet Paul Auster. Nach einer halben Seite gab ich auf und ahnte: Ich würde niemals in Brooklyn ankommen, ich würde sterben, bevor ich die Reise überhaupt antreten könnte. Ich war schon so gut wie tot.

Wieder verbrachte ich Nächte mit meinem Laptop. Je länger ich mich mit der Zimmersuche befasste, desto weniger Wohnungen kamen in Betracht. Ich wollte weder im Souterrain noch an einer Hauptstraße wohnen, ich wollte keine vergitterten Fenster haben, durch die ich in Augenhöhe die Füße der Vorbeilaufenden sehen konnte. Ich wollte mein Fenster öffnen können, und ich wollte einen Tisch haben, auf den ich meinen Laptop stellen konnte. Das war mein größtes Problem: der Tisch. Ich hätte alles haben können, eine romantische Nebenstraße, einen Blick ins Grüne – aber keinen eigenen Tisch. Zwar gab es in den Wohnungen, die in Betracht kamen, Tische, doch diese standen entweder in der Küche, oder es waren Beistelltische im Fernsehzimmer. Es war zu erwarten, dass ich niemals mit meinem Laptop allein sein würde. Das barg das nächste Problem. Ich wusste nicht, ob ich in meinem Alter überhaupt noch wohngemeinschaftstauglich war. Ich hatte während meines Studiums vermieden, in einem Wohnheim zu leben, und schon kurz nach meiner Hochzeit auf einem eigenen Zimmer bestanden. Selbst das Zusammensein mit meiner Tochter war kompliziert. Und nun wollte ich freiwillig mein Leben mit Menschen teilen, die ich nicht kannte und die eine Generation jünger waren als ich? Kaum waren sie ihren Elternhäusern entronnen, erschien ich als mütterliches Gespenst, brach in ihre Freiheit ein und belegte mit meinem Laptop ihren einzigen Tisch. Konnte ich mich all diesen Bedenken zum Trotz dann doch für ein Angebot entscheiden und schickte es zur Prüfung an Michael, kam prompt die Antwort: Das ist nichts für dich!

Zwei Wochen vor meinem Abflug wusste ich immer noch nicht, »was etwas für mich war«. Ich hatte einen Flug gebucht, einen Lesungstermin in einer fremden Sprache, aber weder ein Bett, in dem ich schlafen, noch einen Tisch, auf den ich meinen Laptop stellen konnte.

Die Stammtischmitglieder lachten, als ich ihnen die Geschichte erzählte. Sie liebten Geschichten. Sie liebten es, beisammenzusitzen, zuzuhören und gleichzeitig selbst zu sprechen. Sie liebten es, den Wein aus bunten Plastebechern zu trinken. Sie lobten meinen Apfelkuchen und die Salate auf dem Buffet, und gerade als es anfing gemütlich zu werden, stand eine der Damen auf und sagte, dass sie jetzt gehen müsse. Zwar seien die Straßen sicherer als früher, aber …

Das »aber« stand im Raum und trübte die Stimmung. Das »aber« hatte bei allen den Gedanken an den Heimweg aufkommen lassen. Früher wären sie immer länger geblieben, sagten sie.

Warum sie ihren wöchentlichen Stammtischtreff nicht einfach zwei Stunden vorverlegten?, fragte eine jüngere Frau.

Eine Welle der Empörung schwappte über ihr zusammen. Ausgeschlossen! Seit siebzig Jahren würden sie sich um acht Uhr treffen! Wieso sollten sie das jemals ändern?

Ich war von Jahrhunderten umgeben, von Jahrhunderten an Schicksal, aber auch an Lebensfreude. Die Stammtischrunde hatte sich in dieser Stadt gesucht und gefunden. Sie war ihr Zuhause geworden. »New York? This is my Heimat«, hatte Leo Glückselig einmal gesagt. Das war auch der Titel unserer Radiosendung gewesen.

Bevor wir uns verabschiedeten, fragten mich die Damen, wo ich denn nun eigentlich ein Zimmer gefunden hätte?

In Harlem, antwortete ich.

Und alle lachten.


Fünf Tage vor meinem Abflug hatte ich eine E-Mail von Michael bekommen.

Ich habe ein Zimmer für Dich.

Wo?

In der 131. Straße.

Das war Harlem? Ich war verblüfft. Erst durfte ich weder

in Brooklyn Heights noch Park Slope wohnen und war nur für Williamsburg bestimmt, und dann plötzlich Harlem?

Ich ließ meinen Laptop nach meinem zukünftigen Wohnsitz suchen. Google Streetview offerierte für die eingegebene Hausnummer zwei Möglichkeiten: Auf der einen Straßenseite stand ein hoher Plattenbau, auf der anderen Seite ein schmales Haus mit frei stehender Treppe und Eisenzaun. Für den Fall, dass meine Wohnung im Plattenbau wäre, tröstete ich mich damit, dass ich einen romantischen Ausblick auf das kleine Haus hätte.

Der Doorman im Foyer wünschte mir einen schönen Heimweg. Als ich auf die Straße trat, regnete es, und ich beschloss, mir ein Taxi zu nehmen. Auch das Winken nach einem Taxi will in New York gelernt sein. Es ist kein lässiges Herausstrecken des Daumens und kein, wie oft in Filmen zu sehen, hektisches Wedeln mit den Armen. Das könnte hier auch eine Sportübung sein. Wer ein Taxi anhalten will, stellt sich an den Rand der Fahrbahn und reckt entschieden und vor allem eindeutig seinen Arm nach oben. Was wir in Deutschland tun, würde hier als nettes Hinterherwinken gewertet. Als ich einmal zu einer New Yorkerin sagte, dass ich überrascht wäre, wie freundlich alle in dieser Stadt miteinander umgingen, sagte sie, ich hätte noch nie versucht, bei Gewitter ein Taxi zu bekommen.

Ich hatte meine Lektion gelernt und ließ zwei vorsichtig winkende Touristinnen im Regen stehen.

Ich liebe es, nachts in Taxis durch große Städte zu fahren. Ich lehnte mich zurück und wünschte mir, es möge ewig dauern. Der Taxifahrer fuhr den Hudson Parkway entlang. Links von mir sah ich die Lichter von New Jersey. Eine fremde Welt, von Manhattan aus betrachtet.

Unerwartet war ich damit bereits kurz nach meiner Ankunft in Berührung gekommen, als ich beschloss, mir eine Telefonkarte zu kaufen. Ich dachte, ich würde in einen Laden gehen, eine Prepaidkarte verlangen, in mein Telefon stecken und danach sofort telefonieren können. Es war ein Irrtum, wie so vieles in dieser Stadt. In dem ersten Telefonladen, in dem ich nachfragte, wurden diese Karten nicht geführt. Die freundliche Verkäuferin wies mir den Weg zum nächsten Geschäft, in dem der Aushilfsverkäufer mir, unter Beteuerung seines Bedauerns, auch nicht weiterhelfen konnte. Im dritten Laden gab es zwar Prepaidkarten, nur fand der Besitzer sie nicht. Ich wechselte das Viertel und fuhr Downtown. In der 14. Straße wähnte ich mich kurz vor meinem Ziel, als der Verkäufer mich bat, am Tresen Platz zu nehmen. Die erste Mitteilung, die er mir machte, war, dass in diesem Laden nur cash bezahlt würde. Er war Inder und sprach ein Englisch, das ich sehr schlecht verstand. Ich konterte mit meinem sächsischen Akzent. Gemeinsam arbeiteten wir uns am Computer durch das Antragsformular. Nebenbei führte der Verkäufer mehrere Telefonate, kopierte meinen Pass und notierte alle meine Adressen. Endlich gab er mir die kleine Karte und einen mehrseitigen Vertrag. Ich glaubte an einen Hörfehler, als er mir sagte, dass ich vierundzwanzig Stunden warten müsse, bis die Nummer freigeschaltet wäre. War dies das Land der unbegrenzten Möglichkeiten? Voller Zweifel und um achtzig Dollar ärmer verließ ich den Laden. Von meinem deutschen Misstrauen getrieben, versuchte ich sofort, mich von einem anderen Telefon aus selbst anzurufen. Natürlich vergebens. Ich schlief schlecht. Dann geschah das Wunder: Genau vierundzwanzig Stunden später war ich Besitzerin einer New Yorker Mobilfunknummer. Doch immer, wenn ich jemanden anrief, bemerkte ich ein leichtes Zögern.

Du hast eine New-Jersey-Nummer!

Na und?

Jaja, schon in Ordnung, sagten alle.

Wer in Manhattan wohnte, sah etwas hochmütig auf die andere Seite des Hudson. Doch auch in Manhattan gab es unsichtbare Grenzen. Mir wurde von New Yorkern erzählt, die geschworen hätten, in ihrem Leben niemals freiwillig die 4. Straße zu überschreiten. Andere beendeten Liebesbeziehungen, weil ihnen eine innere Stimme Reisen jenseits der 86. verbot. Auch die 125. Straße bedeutete eine Zäsur, besonders für Touristen.

In deutschen Reiseführern wurde die 125. Straße als die »kommerzielle Hauptschlagader« Harlems bezeichnet. Wenn man einmal von den üblichen Starbucks und H&M-Läden absah, spielte sich dieser Kommerz vor allem auf den Straßen ab. Hier gab es Dinge, die zwar die Welt nicht brauchte, aber jeder Tourist unbedingt haben musste. Unter der Schirmherrschaft des Bürgerrechtlers Adam Clayton Powell breiteten die Händler ihre Waren aus. Am Fuße seines Denkmals brüllten die Ghettoblaster gegen den Straßenlärm an, und ein Händler pries schreiend die Qualität seiner CDs. An langen Ständen wurden Flakons mit Flüssigkeiten verkauft, die so leuchtend bunt waren, dass ich freiwillig Abstand nahm, daran zu riechen. So habe ich nie erfahren, ob ich mich mit ihnen einreiben, sie in mein Badewasser geben oder sie in einer Duftlampe verbrennen sollte. Als ich meine Vermieterin danach fragte, antwortete sie nur mit einem entsetzten Aufschrei.

Die 125. Straße war geschichtsträchtiger Boden. Hier gab es das legendäre Apollo Theater, hier hatte Bill Clinton sein Büro eröffnet. Aber für die meisten Touristen war es immer noch unsicheres Terrain, und sie kamen vorsichtshalber in Bussen. Es waren geführte Wanderungen, die mich an Zoobesuche erinnerten, ein Fußweg durch Afrika, nach dem es zur Belohnung Soulfood gab. Besonders beliebt waren Fahrten auf dem offenen Busverdeck durch das nächtliche Harlem. Doch ich musste nachsichtiger sein, denn auch ich hatte meine Marslandung.

Eines Abends war ich bei meinen Spaziergängen durch die Stadt in die Dämmerung geraten. Und während ich überlegte, ob ich ins Kino gehen oder mich zum Essen verabreden sollte, stand ich plötzlich auf einem fremden Planeten, auf einer außerirdischen Straße aus Licht, flimmernd, flackernd, Funken speiend. Es war ein Angriff auf meine Sinne. Schon nach wenigen Minuten war mein Körper angeschlossen an einen fremden Kreislauf, und mein Herz schlug im Rhythmus der wechselnden Leuchtreklamen. Allein gelassen stand ich an der großen Metropolis-Uhr und rückte die Zeiger auf die richtige Position. Ich hielt mit letzter Kraft die Herzmaschine am Laufen und ließ den Puls der Stadt schlagen. Aber vielleicht war ich nur eine überforderte deutsche Touristin, die mitten auf dem Times Square stand. Ich war, wo ich eigentlich hingehörte, reihte mich ein und trottete zwischen anderen Touristen über bunte Steine auf eine marsrot leuchtende Treppe zu. Es war eine Treppe, die nirgendwohin führte. Brav setzte ich mich zwischen die anderen und packte, weil es alle taten, meinen Fotoapparat aus. Unschlüssig hielt ich ihn in der Hand. *Where Maximum Performance lives,* stand an der Wand gegenüber. Zu Hause mied ich Fernsehsender, die ihr Programm mit Werbung unterbrachen. Jetzt kam die Rache. Ich sah alle verpassten Werbesendungen gleichzeitig. *Closeness has nothing to do with distance.*

Ich versuchte, einen Rhythmus zu entdecken. Die Straße als Komposition aus Licht und Stimmen. Ich hätte gern ein Glas Rotwein gehabt und den Rausch wie einen Wattebausch zwischen mich und die Bilder geschoben. Doch es gab nur Getränke in marsroten Bechern. Ich nahm meinen Fotoapparat und betrachtete die Straße durch mein Weitwinkelobjektiv. Ich sah Marsmännchen, die auf dem Deck offener Busse fuhren und mir zuwinkten. Andere drängten sich um Hotdog-Stände. Nichts blieb, wie es war, alles wechselte in einem Bruchteil von Sekunden. Ich drückte auf den Auslöser. Was ich festhielt, war eine Ameisenstraße, gehüllt in eine Magnesiumwolke. Die Überbelichtung gab dem Bild die Anmutung eines Wissenschaftsfotos.

Ich sehnte mich nach den dunklen Straßen von Harlem. Beherrscht von dem Gedanken an ein Glas Rotwein, nahm ich die Subway und suchte nach einer Weinhandlung. Das Geschäft war schmal. Ein verglastes »U«, in das ich eintrat und hocherfreut die Weinflaschen hinter den Scheiben betrachtete. In wenigen Sekunden würde ich sie in der Hand halten können. Ich würde unauffällig den Flaschenboden abtasten, getreu dem Grundsatz, je tiefer die Wölbung, desto besser der Wein. Ich ging zur Stirnseite und rüttelte an der Tür. Schlagartig wurde es im Laden still. Ich drehte mich um und sah in entsetzte Gesichter.

Erst jetzt begriff ich, dass alle anderen Kunden, ordentlich eingereiht, vor einem Schalterfenster warteten. Sie nannten den Namen des Weines, den sie kaufen wollten, und der Verkäufer lief zwischen Weinregal und schusssicherer Scheibe um das »U« und präsentierte wie ein Nummerngirl die Flasche hinter dem zerkratzten Glas. Er ging etwas gebeugt und hatte dünne Arme.

Als ich an der Reihe war, zeigte ich auf eine Flasche Rotwein mit italienischem Namen. Normalerweise trinke ich wegen der Transportwege nur europäische Weine. In diesem Fall wäre es ein Fauxpas gewesen, denn ich hatte vergessen, dass ich mich auf der anderen Seite des Ozeans befand. Aber ich musste mir keine Sorgen machen. Zwar trug der Wein einen gut klingenden italienischen Namen, kam aber aus Kalifornien. Der Verkäufer, der nun beim Kassieren hinter einer doppelten Glasscheibe stand, steckte die Flasche in eine Packpapiertüte und schob sie seitlich zwischen die beiden Scheiben. Erst als er seine Luke verschlossen hatte, durfte ich nach der Flasche greifen. Selbst mit großem Geschick hätte ich ihm nicht in die Hand schießen können.

Mein Vertrauen in den Wein war nicht sehr groß, ich ging davon aus, dass er scheußlich schmeckte. Mit dem Sicherheitsdenken einer deutschen Hausfrau kaufte ich mir im nächstgelegenen Imbiss noch ein Sixpack Beck's. In der einen Hand die Packpapiertüte mit dem Wein, in der anderen den schwarzen Plastiksack mit dem Bier, lief ich die 3rd Avenue entlang. Vor mir drängten sich Jugendliche um einen silbernen Toyota. Als die Alarmanlage aufheulte, stoben sie davon. Und ich? Ich stand neben dem unablässig schrillenden Auto, eine fünfzigjährige Frau mit ihren Alkoholeinkäufen, und überlegte, ob ich auch rennen sollte. Ich vertraute meinem Alter und meiner Nationalität und lief langsam weiter.

Erschöpft kam ich zu Hause an und erzählte meiner Vermieterin, dass ich mich auf dem Times Square gefürchtet hätte. Sie war begeistert. Wir stießen auf Harlem an und tranken das dünne Bier und den Wein, der wirklich scheußlich schmeckte. Aber es reichte, um betrunken zu werden.

Nach einer Woche wollte ich kein Tourist mehr sein. Es kam mir albern vor, ohne Ziel durch die Stadt zu laufen. Ich war umgeben von Menschen, die von einem Termin zum anderen rannten, immer in Bewegung, immer *very busy* waren, eine

Geschäftigkeit, die ansteckend war. Ich suchte nach einer Berechtigung, in dieser Stadt sein zu dürfen. Das fruchtlose Beisammensein mit meinem Laptop hätte ich auch in Markkleeberg haben können. Und auch mein ursprünglicher Plan, mit meiner Vermieterin lange sprachbildende Unterhaltungen zu führen, war unerwartet gescheitert. Zwar saßen wir nächtelang zusammen, tranken Rotwein und sprachen über Gott, unser Leben und die Welt, aber leider nicht auf Englisch, sondern auf Deutsch. Ich war in die Fänge eines Sprachgenies geraten. Meine Vermieterin war eine Kanadierin, die nicht nur Englisch und Französisch sprach, sondern auch ein nahezu akzentfreies Italienisch und Deutsch mit wienerischem Einschlag. Sie war hocherfreut, wieder einmal Deutsch sprechen zu können, und ich wagte nicht, ihr diese Freunde mit meinem Überlebensenglisch zu verderben.

Mein Freundeskreis bestand aus zwei deutschsprachigen Stammtischen, und selbst in dem Café, in dem ich hin und wieder frühstückte, wurde ich mit »Guten Morgen« begrüßt. Ich saß mitten in New York in der Falle.

Mir fielen das Mary House und Jane ein. Zwei Jahre zuvor hatte ich Jane auf einer Hochzeitsfeier kennengelernt. Zur Freude der Braut war sie aus dem Osten New Yorks in den Süden Leipzigs gekommen, was mich ehrfürchtig schweigen ließ, nicht nur wegen der fehlenden Worte. Es war ein schönes Fest, im Garten einer Kirchengemeinde spielte ein russisches Tango-Orchester, und die multikulturellen Gäste feierten die Braut. Es war jene Studentin, die mir Jahre zuvor mit ihren Kassetten die Stammtischwelt eröffnet hatte.

Vage, ohne Hausnummer tauchte Janes Adresse in meiner Erinnerung auf, East Village, irgendwo in der dritten Straße, zwischen erster und zweiter Avenue.

Das Mary House war überraschend leicht zu finden und hatte sogar eine sichtbare Tür, allerdings keine Klingel. Wieder einmal stand ich hilflos vor einem Eingang. Die Frauen, die auf dem Gehweg warteten, wiesen mich mitleidig darauf hin, dass erst um zwölf Uhr geöffnet wurde.

Ich entschuldigte mich für mein Vordrängeln, sagte, dass ich eine Freundin von Jane sei, und klopfte.

Ich war mir nicht sicher, ob ich Jane wiedererkennen würde. Nur an die Stimme konnte ich mich erinnern, eine raue Stimme, die an filterlose Zigaretten denken ließ. Es dauerte einige Minuten, bis mir endlich ein Mann die Tür öffnete. Er führte mich wortlos ins Souterrain. Über der Tür klebte ein Plakat, auf dem sich die Bewohner des Hauses gegen den Irakkrieg aussprachen. Auch im Speiseraum hingen Plakate und Bilder. Es waren Kinderzeichnungen, Heiligenbilder, Briefe, Fotos. Ich erkannte Martin Luther King und die Mutter Maria. Es roch nach Gemüsesuppe. Jane, die sich überhaupt nicht zu wundern schien, dass ich plötzlich auftauchte, schickte mir mit ihrer rauen Stimme ein »*How are you doing?*« entgegen und rückte einen Stuhl neben sich. Ein junges Mädchen brachte mir einen Teller Suppe, und die Frau, die mir gegenübersaß, sagte, dass das Gemüse aus ihrem Garten käme. Hundert Prozent biologischer Anbau!

Ich löffelte meine Suppe und sagte, dass ich auch einen Garten hätte und gekommen wäre, um zu helfen. Wenige Minuten später stand ich zusammen mit einer brasilianischen Nonne, die ein Obama-T-Shirt trug, am Spülbecken. Punkt zwölf wurde die Tür geöffnet.

Ich spülte Teller und Töpfe, räumte die Tische ab und half bei der Essenausgabe. *Our special today is the soup. We have chicken soup or vegetable soup. Hundred percent organic!* Einige Frauen lächelten mich an, andere hielten misstrauisch Abstand. Eine feingliedrige ältere Dame betrachtete mich ängstlich und setzte sich so, dass sie mich immer im Blick hatte. Eine kleine Frau im Jogginganzug fragte mich, woher ich käme. Aus Deutschland? Ah, wo sie Müll trennen! Sie fragte mich, ob ich meine Bioabfälle kompostieren würde. Ich hatte mich bereits daran gewöhnt, dass ich aus dem Land der Mülltrennung kam. Die Mülltrennung in New York sei mangelhaft, sagte die kleine Frau, Glas und Plastik zusammen, unmöglich! Dann ging sie ihre Suppe essen, und ich stellte mich wieder an das Spülbecken. Die brasilianische Nonne trocknete ab und räumte das Geschirr in die Regale. Als wir fertig waren, klatschten wir uns ab, wie Fußballer, die gerade ein Tor geschossen hatten. Zufrieden setzte ich mich in eine Ecke und trank Kaffee aus einer Tasse, die ich soeben abgewaschen hatte.

Ich war in einem Land geboren worden, in dem Freiwilligkeit und kollektives Verhalten oberstes Gebot waren. Freiwillig hieß: vom Staat gewollt. Wir gingen freiwillig zu Maidemonstrationen, nahmen freiwillig an Gewerkschaftsversammlungen teil und trafen uns freiwillig und ohne Bezahlung einmal im Jahr, um unsere Arbeitsplätze aufzuräumen. Der »Subotnik«, abgeleitet von dem russischen Wort für Sonnabend, endete meist in einem Trinkgelage. Aufgeräumt wurde dabei wenig, es genügte, den »guten Willen« zu zeigen. Doch selbst der verlor sich mit fortschreitendem Sozialismus. Als niemand mehr kam, änderte die Direktion des Baubetriebs, in dem ich Anfang der Achtzigerjahre arbeitete, die Taktik und führte den Subotnik »im Thälmann'schen Sinne« ein. Hatte Lenin in seinem Artikel »Die große Initiative« noch Heldenmut ohne Bezahlung eingefordert, gab es nun für unsere »Freiwilligkeit« Geld. Warum der Name des toten Ernst Thälmann für diese korrupte Wende herhalten musste, blieb ungeklärt. Letztendlich war es uns egal. Geld war immer ein gutes Argument, um den Sozialismus aufzubauen. Bezahlte Freiwilligkeit war eine der lukrativsten Einnahmequellen während meiner Studentenzeit. Ich fand meine Auftraggeber über Zeitungsanzeigen. Wer eine Plattenbauwohnung erhielt, musste »freiwillig« eine bestimmte Anzahl »Aufbaustunden« leisten. Das hieß, an den Wochenenden um sechs Uhr früh auf entlegene Baustellen zu fahren, kalte Wohnungen zu putzen oder im Schlamm zu stehen und Gräben zu schaufeln. Wer es sich leisten konnte, nahm sich für einen Stundenlohn von fünf DDR-Mark einen Leihfreiwilligen. Ich ging als Frau Schulze, Schmidt oder Böhme auf die Baustellen, hielt mich an Besen oder Schaufel fest und wartete, bis ich wieder nach Hause gehen durfte. Die Bauleiter, die natürlich von diesem Deal wussten, waren oft kulant und schrieben höhere Stundenzahlen. So konnte man mit etwas Glück für eine Stunde Arbeit die Maximalsumme für einen Tag verdienen. Alle waren zufrieden. Die zukünftigen Wohnungsbesitzer erfüllten in kurzer Zeit ihr Stundenkontingent, der Bauleiter hatte keine Leute, die ihm im Weg herumstanden, und ich hatte mein Geld. Nur die Wohnungen blieben ungekehrt.

Wenn mir damals jemand gesagt hätte, dass ich mich darüber freuen würde, ohne Bezahlung Teller zu waschen, hätte ich ihn für verrückt erklärt.

Von nun an ging ich jeden Tag »auf Arbeit«. Das Mary House waren eigentlich drei Mary-Häuser, jeweils ein Zimmer breit, mit schmalen Stiegen und Gängen. Ein verwunschenes knarrendes Gebilde, in dem jedes Kommunemitglied ein winziges Zimmer bewohnte, eingerichtet mit einer Matratze, einem Stuhl und einer Kleiderstange. Im Mittelbau gab es einen Gemeinschaftsraum mit einer kleinen Bühne, die an die Zeiten erinnerte, als das Haus eine Musikschule gewesen war. Jeden Freitagabend wurden hier Filme gezeigt. Es gab Lesungen und Diskussionsrunden. Als ich zu Gast war, las ein ehemaliger Wehrdienstverweigerer aus seinem Buch über den Vietnamkrieg. In einer wöchentlichen Versammlung wurden Dienstpläne und Einkäufe im »Kollektiv« abgestimmt. Wo war ich hingeraten? Hatte ich mich freiwillig im Kommunismus zurückgemeldet? Statt auf dienstbeflissene Katholiken war ich auf einen Haufen Anarchisten gestoßen, die sich einer selbstgewählten Heiligen verpflichtet fühlten: Dorothy Day.

Sie war die Gründerin des Mary House. Eine Kommunistin, Frauenrechtlerin, Pazifistin, die es abgelehnt hatte, eine »Heilige« genannt zu werden. »So einfach soll man nicht mit mir fertig werden!« Aber nun, da sie seit Jahren tot war und nicht mehr widersprechen konnte, hatte Johannes Paul II. dem Erzbistum New York zur Jahrtausendwende die Überprüfung der Seligsprechung erlaubt.

Im Mary House wurde ihr Name mit Ehrfurcht ausgesprochen. Es gab keine Veranstaltung, auf der nicht aus ihren Schriften zitiert wurde. Auch die neueste Ausgabe des *Catholic Worker* widmete ihr den Leitartikel unter der Überschrift »Die Waffen des Geistes«. Der *Catholic Worker* war eine Mischung aus Bibel und Kommunistischem Manifest. Auf dem Titelblatt gaben sich eine weiße Bäuerin und ein schwarzer Arbeiter die Hand. Ein Händedruck als Symbol? Das kam mir bekannt vor. Der Unterschied war nur, dass die Genossen vom Politbüro nicht von Jesus umarmt worden waren.

Die »Versandabteilung« für den *Catholic Worker* saß im Veranstaltungsraum. Ein schweigender Mann rollte in archaischer Handarbeit jede Ausgabe einzeln und versah sie mit einer

Banderole. Neben der Bühne standen riesige Postbehälter bereit. Alle zwei Monate wurden Tausende Exemplare für einen symbolischen Preis von einem Cent verschickt. Seit sechsundsiebzig Jahren.

*November 1989 Remembered* stand auf dem Titelblatt der aktuellen Ausgabe. Doch es wurde nicht an den Mauerfall vor zwanzig Jahren erinnert, sondern an das Massaker in El Salvador. Vielleicht war den Redakteuren des *Catholic Worker* auch der sozialistische Teil Deutschlands aus der Ferne betrachtet wie eine Insel der Glückseligkeit erschienen und sie hätten mehr Grund zum Feiern gesehen, wenn sich der Westen Deutschlands dem Osten angeschlossen hätte. Wie sollte ich ihnen erklären, dass wir schon Jahre vor dem Mauerfall unsere Ideale verloren hatten?

Mir wurde das Privileg zuteil, als »Nichtbewohner« durch das ganze Haus gehen zu dürfen. Auch das hätte normalerweise der Zustimmung der Kommune bedurft.

Der schönste Platz im Mary House war *auf* dem Mary House. Drei wacklige Stufen führten in Richtung Himmel. Vom buckligen, geteerten Dach aus konnte ich in einen Innenhof sehen. Vor wenigen Jahren hatte hier noch das Bühnenhaus eines jüdischen Theaters gestanden. Die schwindende Kultur in diesem Viertel brachte Wehmut in die Erzählungen ihrer »Ureinwohner«. Ich spürte, dass es mehr war als ein »Früher war alles viel besser«. Tapfer, wenn auch etwas morsch, hielt das Mary House die Stellung. Es gehörte hierher. Hierher in diese Nachbarschaft. Wenn mir ein Wort aus meinen Wochen in New York im Gedächtnis geblieben ist, dann ist es *neighborhood*. »Die Nachbarschaft« spendete Lebensmittel, Kleidung und Geld. Auch die Frau, die jeden Dienstag biologische Gemüsesuppen kochte, kam aus der Nachbarschaft.

Das schönste Nachbarschaftsprojekt in East Village aber waren für mich die Gärten. Verwunschene Plätze in Baulücken, auf denen sich die Bewohner der umliegenden Häuser trafen, feierten, redeten und natürlich grillten. Doch warum sollten auf Bauland in bester Lage Bäume wachsen und Würstchen gegrillt werden? Während seiner Amtszeit plante Bürgermeister Giuliani den Verkauf der Grundstücke »zum Wohle der Stadt«. Niemand glaubte an Rettung. Überraschend wurde aus dem scheinbar unvermeidbaren Ende der Gärten von East Village ein Happy End. Vorerst jedenfalls. Wie in einem Hollywoodfilm erschien die gute Fee. Sie packte, statt ihres Zauberstabs, ihr Portemonnaie aus und bezahlte die Pacht. Die Fee trug den Namen Bette Midler. Sie »adoptierte« zusammen mit anderen Wohltätern für mehrere Millionen Dollar die Nachbarschaftsgärten von New York. Einfach so.

Ich mochte East Village sofort. Die kleinen Läden, die schmalen Häuser, die Restaurants mit den wenigen Tischen. Es waren Kleinigkeiten, die mir auffielen, die Blumen, die an den Wurzeln der Straßenbäume gepflanzt waren, Bilder an Wänden. Das Schild an einer Bar »Toilettenbenutzung nur für den Besitzer«. Hier wohnten Menschen, mit denen ich zu tun haben wollte. Alles war perfekt unperfekt.

Es erinnerte mich an den Süden meiner Stadt. Die Südvorstadt Leipzigs hatte jeglicher Stadtentwicklung ein Schnippchen geschlagen. Es war eine vernachlässigte Gegend gewesen. Klo halbe Treppe, kaputte Dächer, Salpeter in den Wänden. Als die Mauer fiel, gab es für die Makler attraktivere Wohnviertel, und der Süden Leipzigs wurde ein Paradies für Hausbesetzer. Schon zu Ostzeiten hatte sich hier die sogenannte Szene angesiedelt, die Galerie *Eigenart,* das *Haus Steinstraße* und die *Nationale Front,* die – im Nachhinein unfassbar für mich – mit

NATO abgekürzt wurde. Hier lasen im Hinterzimmer, im Licht einer Stehlampe, Adolf Endler und Wolfgang Hilbig. Die heutige Entwicklung dieses Viertels erscheint als logische Folge. Aus einer ehemaligen Werkhalle wurde ein Konzertsaal, aus einem Wannenbad ein Bistro. Auf dem Gelände der Konservenfabrik siedelten sich ein Freiluftkino und Geschäfte an, der Fahrradladen *Rücktritt,* die Kneipe *Absturz* und der Klamottenladen *Miss Hippie.* Es gab Bars und Restaurants, die *Esst mehr Suppe* und *Frau Pulver* hießen, und das in einer Hauptstraße gelegene *Hotel Seeblick,* in dem sich jeder Gast freute, wenn ein unwissender Tourist statt eines Getränks ein Zimmer bestellen wollte. Die Karl-Liebknecht-Straße versöhnte mich mit Leipzig. Es war wie eine Jacke, die man von der Stange nahm, anzog und meinte, man hätte sie schon immer besessen.

In East Village hatte ich meine erste Lesung. Ganz spontan, wie es sich für diese Gegend gehörte. Die Idee kam von einer der Stammtischfrauen, die ich an meinem ersten Abend in einer Harlemer Bar kennengelernt hatte. Sie war begeistert darüber, dass ich aus Leipzig kam, und schlug vor, am 9. Oktober gemeinsam den 20. Jahrestag der Montagsdemonstration zu feiern. Wenn ich wollte, könnte ich etwas vorlesen und von meiner Stadt erzählen. Die Kunde vom Mut der Sachsen war bis nach New York gedrungen.

Ich hatte die sogenannte Wende nicht als Revolutionärin, sondern als Mutter auf einer Parkbank erlebt. Meine Tochter war damals gerade zwei Jahre alt, und wir gingen jeden Nachmittag auf den Spielplatz im Wald. Dort traf ich mich mit anderen Müttern. Wir ließen die Kinder spielen, rückten auf den Bänken zusammen und redeten. Ich habe nie wieder so viel Nähe erlebt wie in dieser Zeit. Mitten im Park breiteten wir unsere Visionen vom »neuen Leben« aus.

An den Montagen blieben die Bänke leer. Dann gingen unsere Männer zum Friedensgebet in die Nikolaikirche. Wir blieben in der Vorstadt, und wir fuhren mit den Kinderwagen in eine scheinbar unbewachte Kirche. Nur eine Ärztin fehlte. Sie hatten an diesen Montagen Bereitschaftsdienst in der Notaufnahme. Eine unserer groteskesten, aber bedrückend realen Vorstellungen war, dass wir als Verletzte in ihr Krankenhaus eingeliefert würden. Noch am 8. Oktober hatte sich Erich Honecker für eine »Chinesische Lösung« ausgesprochen, was hieß: Panzer und Maschinengewehre.

Und dann war ich ausgerechnet an diesem alles entscheidenden Montag nicht in Leipzig gewesen, sondern saß fernab von allem Geschehen in einem Krakauer Internat und trank Rotwein aus einem Puppenklo. Wir stießen an mit Badewanne, Klo, Waschbecken und Wischeimer. Auch zwanzig Jahre später spürte ich noch die Mischung aus Hoffnung und Angst, von der wir damals erfasst waren.

In East Village trank ich meinen Rotwein aus einem Glas. Es war ein kleines Café mit Namen *Planet one,* dem gerade nach einer Hygieneinspektion die Schließung drohte. Meine Lesung war die letzte offiziell genehmigte Veranstaltung. Ich war gekommen, um »das Licht auszumachen«.

Der *Planet one* war Annettes Lebenstraum. Ein Café mit rotem Plüschsofa, Couchtischen und einer kleinen Küche, die zum Missfallen der Inspekteure an die Toilette grenzte. An allen Wänden, bis in das Klo hinein, hingen Bilder und Kunstgegenstände, Masken aus Mexiko, Aquarelle einer Malerin aus dem Viertel.

Annette hatte den ganzen Tag lang gekocht. Nach meiner Lesung saßen wir dicht gedrängt an den Tischen, aßen, tranken, redeten und feierten ganz nebenbei meinen Geburtstag.

Annette war Holländerin und, wie so viele meiner deutschen Zuhörer, vor Jahrzehnten in New York hängen geblieben. Damals, als man für fünfzig Dollar die Woche ein Zimmer mieten konnte und jeder sich nur so viel erarbeitete, wie er zu seinem Lebensunterhalt brauchte. Damals, als der volle Planet jeden Abend um East Village kreiste. Nun war er ein »Hobby« geworden, das Annette im Monat dreitausend Dollar Miete kostete. Doch der nächste Träumer war schon in den Nachbarladen gezogen, ein Gitarrenverkäufer aus Marktneukirchen in Sachsen, der aus Annettes Planeten liebend gern einen Showroom für seine Warwick- und Framus-Gitarren gemacht hätte. War er ein Dummkopf, ein Glücksritter oder ein Visionär? Hatte er die Jahrhunderte verwechselt und gedacht, er würde noch nach »Kleindeutschland« kommen?

Die Deutschen, die einmal in dieser Gegend gewohnt hatten, waren im wahrsten Sinne des Wortes untergegangen. Bei einer Ausflugsfahrt auf dem East River ertranken und verbrannten am 16. Juni 1904 über tausend deutsche Frauen und Kinder. Ein Datum, das auch in die Literatur einging: James Joyce legte die Handlung des *Ulysses* auf diesen Tag und widmete dem »Untergang der Deutschen« immerhin eine halbe Seite.

Annette erzählte mir diese Geschichte, während sie mich durch das Viertel führte. Folgsam besichtigte ich das Denkmal, das an das Schiffsunglück erinnerte.

Alle Freunde, die mir die Stadt zeigten, dachten, sie würden mir eine Freude machen, wenn sie mir die Hinterlassenschaft der deutschen Einwanderer präsentierten, auch William. Er war einer der Nachbarschaftshelfer im Mary House, ein Krankenpfleger, der sich um die Bewohner und Gäste kümmerte. William sprach Französisch und Deutsch, mit der Diktion eines Universitätsprofessors, was mich sofort aus meiner selbstverordneten Pflicht, Englisch zu sprechen, entließ. Nach unserem Rundgang durch East Village hatte ich das Gefühl, ich hätte alle Häuser mit deutschen Gedenktafeln gesehen. Turnvereine, Schützengilden, Bibliotheken. »Einigkeit macht stark«. Tausende Kilometer entfernt rückte mir das Land, aus dem ich kam, auf merkwürdige Weise immer näher. Ich wehrte mich dagegen und fotografierte statt deutscher Inschriften eine Papstbüste im Vorgarten einer polnischen Kirche. Mittlerweile hatten sich in dieser Gegend viele Osteuropäer angesiedelt. Es gab ukrainische Turnvereine, ukrainische Chöre und ukrainische Restaurants. Die Speisekarten kamen mir bekannt vor: Borschtsch, Wareniki, Pelmeni und Soljanka.

Im Zuge der Verbrüderung mit der Sowjetunion war die Soljanka nach und nach in den DDR-Speiseplan hineingewachsen und eine einheimische Suppe geworden. Sie war nicht wegzudenken von den Speisekarten der volkseigenen Restaurants. In einigen Konsumgaststätten wurde die Zutat »Wurst- und Bratenreste« wörtlich genommen. Ob alte Bockwürste, Schnitzelreste, Bulettenbrocken oder Schweinebauchstücke, wer suchte, konnte in der fettigen Brühe alles finden, was an die Gerichte der Vortage erinnerte. Gebunden wurde sie oft statt mit Brühe mit übrig gebliebenem Bratenfett oder Frittieröl, das sich auf diese Weise unauffällig entsorgen ließ. Eine Soljanka ohne Fettaugen war keine Soljanka.

Obwohl seit dem Mauerfall viele Jahre vergangen waren und im Osten New Yorks vermutlich nach anderen Rezepten gekocht wurde, verzichtete ich in dem ukrainischen Restaurant, in das mich William geführt hatte, auf das Essen. Beleidigt räumte die Serviererin das Besteck von unserem Tisch und ließ nur die mit Mäandern gerahmten Papierservietten zurück. Wir bestellten zwei Gläser Rotwein, die rote Ringe auf das Papier malten. Wir sprachen über Politik und über Literatur, die deutsche und die amerikanische Geschichte gespiegelt in Büchern.

William winkte die Serviererin zu sich heran und fragte, ob sie ihm einen Stift borgen könnte. Sie brachte uns einen Kugelschreiber. Danach platzierte sie sich an einer Säule und beobachtete uns aus sicherer Entfernung. William zeichnete sein Universum auf die vor ihm liegende Serviette. Das totalitäre System der Russen und das individuelle der Amerikaner. War alles wirklich so einfach? War die Welt geteilt in zwei unterschiedliche Pole, in zwei Magneten, die sich abstießen? Nach Williams Meinung gab es eine Lebenseinstellung, die beide Magneten umdrehte und verschmelzen ließ: den Personalismus. Das war die Philosophie des Mary House.

Es war ein religiöser Sozialismus, in dem es zwar gemeinsame Interessen, aber keine Unterwerfung der Persönlichkeit gab. Jeder durfte sein, was und wie er wollte. Nicht zu verwechseln mit purem Individualismus, sagte William, der verbreite sich nur an der Oberfläche.

Ich dachte an die Fettaugen auf der Soljanka. Bestand die ganze Welt aus Suppenzutaten, und wir mussten nur das richtige Rezept finden?

Übertrug ich Williams Erklärungen auf die ukrainische Küche, dann war das Mary House ein Topf Soljanka, in dem jeder Wurstrest eigenständig blieb und seine Berechtigung hatte. Trotzdem ergab alles zusammen eine Suppe. »We have learned

the only solution is love and that love comes with community«,
hatte die selige Dorothy Day gesagt.

William, der sein bisheriges Leben mit dem Lesen deutscher Literatur verbracht haben musste, referierte über seine
Lieblingsbücher und schrieb die Titel, die ich nicht kannte, auf
seine Serviette: Werner Bergengruen *Die drei Falken,* Albrecht
Goes *Das Brandopfer.* Die Serviererin hatte uns aufgegeben
und machte einen Bogen um unseren Tisch.

Und dann schrieb William plötzlich einen Namen an den
linken Rand seiner Serviette, der mich abrupt aus meinen literarischen Betrachtungen riss: Paul Auster.


Es gab eine gute Nachricht, und es gab eine schlechte Nachricht.
Wobei ich mir nicht sicher war, ob die gute nun die schlechte
oder die schlechte die gute Nachricht war.

Es war ein Irrtum gewesen, ein Schreibfehler. Das Goethe-
Institut hatte mir das falsche Datum geschickt. Ich las nicht am
9., sondern am 10. November. Ich war »der Ostblock« zusammen mit der Polin Dorota Maslowska und dem Rumänen Dan
Sociu.

Die große Mauerfall-Gala mit Paul Auster, Siri Hustvedt
und Peter Schneider würde einen Tag zuvor gefeiert werden.

Warum konnte ich es nicht dabei belassen und erleichtert
sein? Ich müsste nicht auf der Bühne der Bohemia-Halle stehen
und vor den Augen aller Zuschauer in Ohnmacht fallen. War es
nicht größenwahnsinnig genug, meine englische Übersetzung
laut in einer New Yorker Buchhandlung vorzulesen? Doch statt
mich still zu verhalten, erzählte ich dem Veranstalter mit meinem begrenzten Wortschatz, wie sehr ich die Bücher Paul Austers bewunderte.

Ich hatte es provoziert. Denn natürlich schickte mir Rohan

kurz darauf eine Einladung, in der stand, dass es ihm eine Ehre sei, mich zum Dinner in die Bohemia-Halle einladen zu dürfen. Kaum war ein Problem verschwunden, erschuf ich es neu. Und nicht nur das. Ich unternahm nicht das Geringste, um es zu lösen. Ich war faul und vergnügungssüchtig, vernachlässigte meine Englischübungen und saß viel lieber in einem ukrainischen Restaurant und sprach Deutsch. Wo immer ich war, umgab ich mich mit meiner treuen deutschsprachigen Gefolgschaft, zum Beispiel mit Michael. Statt Grammatik mit ihm zu üben, ließ ich mich zu einem Sonntagsausflug einladen.

Es war ein klarer Morgen. Die Straßen waren für New Yorker Verhältnisse beinahe leer. Nur der Rollstuhlfahrer, der in der 127. Straße, wie an jedem Morgen, an dem Geländer der Subway-Treppe stand, war schon da und rief mir etwas zu, was ich als Gruß deutete. Ich nahm den A-Train in Richtung Rockaway. Je weiter ich fuhr, umso mysteriöser kamen mir die Stationsnamen vor. Nostrand? Kein Strand? Was hieß eigentlich Strand? Manchmal tauchten Straßennummerierungen auf, die mir vorgaukelten, ich wäre noch in Manhattan. Verlängerten sich die Straßen unsichtbar über den East River bis Brooklyn? Oder fuhr ich in die falsche Richtung? Ich war erleichtert, als ich allen Zweifeln zum Trotz an der richtigen Station ankam.

Michael wartete auf dem Bahnsteig. Wir liefen durch die Stille eines amerikanischen Kleinstadtmorgens. Hier waren die Straßen wirklich leer. Die Autos parkten in den Einfahrten der Einfamilienhäuser. Die Holzterrassen und Vorgärten waren bereits für Halloween geschmückt. Ein bisschen wie in Markkleeberg, sagte ich zu Michael und blieb vor einem Bäckerladen stehen. An der Tür klebte ein Plakat: die Einladung zu einer Beerdigung. Aus Übungsgründen hatte ich mir angewöhnt, jeden

Aushang zu lesen. Der Mann auf dem Bild war Anfang dreißig. Ich las, dass er seine Eltern bei einem Einbruch verteidigt hatte und dabei erstochen worden war. Das kommt nur noch selten vor, sagte Michael und ging in den Laden, um Milchkaffee zu kaufen.

Erst an diesem Morgen begriff ich die wahre Bedeutung des Begriffs »Coffee to go«. Mit einer gefühlten Geschwindigkeit von sechs Stundenkilometern liefen wir durch die Straßen.

Michael hatte in dieser Gegend seine Kindheit verbracht. Bis sie abgebrannt waren. In letzter Minute hätte seine Mutter mit den Kindern das brennende Haus verlassen können. Michael erzählte davon wie von einem Schulausflug. Das Abbrennen war Bestandteil vieler New Yorker Biografien. Je länger ich mich in der Stadt aufhielt, desto häufiger bemerkte ich die rußgeschwärzten Fassaden. Die Feuerwehrsirenen waren ohnehin nicht zu überhören. Jeden Morgen zwischen fünf und sechs hielten unter meinem Fenster in Harlem zwei Feuerwehrautos. Anfangs sprang ich noch auf, sah zu, wie die Männer mit den zusammengefalteten Schläuchen auf der Schulter in den Sozialblock gegenüber rannten und später mit langsamen Schritten zurückkamen. Ich fragte meine Vermieterin danach. Sie war überrascht darüber, dass ich mir Sorgen machte. In New York würde bei vielen Problemen die Feuerwehr gerufen, ich sollte mich wieder hinlegen. Zudem war die Feuerwehr seit dem 11. September unantastbar, und Geschichten von Feuerwehrleuten, die zur Behebung eines Wasserschadens mit Schläuchen auf dem Rücken die Treppe bis in den achten Stock hoch rannten, waren pietätlos geworden.

Für die Wohnung von Michaels Familie hatten die Feuerwehrmänner damals nichts mehr tun können. Komplett ausgebrannt, sagte Michael und zuckte mit den Schultern. Dann sind wir eben noch weiter aus der Stadt gezogen. Er wies auf einen imaginären Horizont.

Mein Geburtshaus hatte den Mauerfall nicht mehr erlebt. Es war vorher in sich zusammengefallen, ein typisches sozialistisches Schicksal. Erst fehlte ein Dachziegel, dann zwei, dann war das Fallrohr kaputtgegangen. Über Jahrzehnte, von keinem volkseigenen Handwerker gestoppt, hatte der Regen das Haus durchweichen können. Am Ende war von dem fünfgeschossigen Gründerzeithaus nur noch das Erdgeschoss bewohnbar gewesen.

Manchmal erschien mir das Haus in meinen Träumen, dann saß ich wieder im Wohnzimmer an dem runden Tisch mit der gehäkelten Decke oder stand am Fenster und sah auf die Straße auf die blühenden Lindenbäume.

Schweigend ging ich mit Michael durch die Straßen. Die Erinnerung ist ein Raum, den man nur allein betreten kann.

Wir waren im Kreis gelaufen und wieder an der Subway-Station angelangt, an der Michaels Auto stand. Als ich einstieg und die Tür schloss, legte sich, wie von Geisterhand geführt, der Anschnallgurt um meinen Körper. Sofort war Deutschland vergessen. Das war Amerika! Michael versprach mir eine Überraschung: die Besichtigung des Pubs, in dem Jack Kerouac mit dem Teekessel seiner Mutter Bier geholt hatte.

Wir hielten neben einem zweistöckigen Eckhaus. Das Erdgeschoss war hell verputzt. Die Fugen an der Klinkerfassade der ersten Etage waren weiß, aber wenigstens nicht nachgezogen. Auf der grünen Markise über der Tür stand *Glen Patrick's Pub*. Ich musste nicht einmal die Füße heben, der Bordstein war abgesenkt, wahrscheinlich für Rollstuhlfahrer. Es war ein schmuckloser Pub mit kleinen Tischen und einem langen Tresen, hinter dem ein junger Barkeeper Gläser polierte. Wir waren die einzigen Gäste. Michael sagte, dass ich extra aus Deutschland gekommen wäre, um den Pub zu sehen, in dem Kerouac getrunken hätte. Der Barkeeper lächelte mir freundlich zu und vertiefte sich wieder in seine Polierarbeiten. Der berühmte Poet!, sagte Michael, um den Barkeeper herauszufordern, aber der zuckte nur die Schultern. Eine Zeit lang standen wir noch unschlüssig im Raum. Der Barkeeper vermied es, uns anzusehen, vielleicht, weil er fürchtete, dass wir etwas bestellen und weiterfragen könnten.

Da hatte ich jahrelang im Bergzelt »Rügen« in meinem klammen Schlafsack auf der kalten Erde gelegen, war durch Bulgarien getrampt, hatte zu meinen Rockplatten Luftgitarre gespielt – und nun das.

Mit Büchern die Welt kennenlernen! Der Freund, mit dem ich die Tage und die Nächte meines Baustudiums verbracht hatte, behandelte *Unterwegs* wie seine Bibel. Er trug das Buch immer mit sich herum und las unaufgefordert, und vor allem unaufgefordert, daraus vor. Obwohl das Buch in seiner Erstausgabe vor unserer Geburt erschienen war, benahmen wir uns, als würden wir dazugehören. Statt auf Puffern von Güterzügen durch Amerika zu fahren, liefen wir mit unseren Rucksäcken quer durch die Mecklenburger Seenplatte. Wir brieten unsere gesammelten Pilze an Lagerfeuern, kochten Grog mit Seewasser, spielten Hohner Blues Harp und fühlten uns dabei wie Kerouacs Geschwister.

Und nun stand ich in einem leeren, sterilen Pub, in dem niemand mehr wusste, wer hier einmal am Tresen gelehnt hatte. Zum Glück fand Michael auf dem Weg zum Hinterausgang doch noch einen Beweis. Flankiert von einem »No smoking«-

Schild und einer Voodoo-Puppe hing ein verblichener *Times*-Artikel an der Wand: »Jack Kerouac in Queens«. Mit neuem Mut suchten wir auf der gegenüberliegenden Straßenseite nach dem Haus, in dem Kerouac mit seiner Mutter gewohnt hatte. Michael erinnerte sich, dass es über einer Apotheke gewesen sein sollte. Natürlich gab es keine Apotheke mehr und auch keine Gedenktafel. Hilflos liefen wir noch ein bisschen die Straße auf und ab und schlurften dann zum Auto.

Wir fuhren in Richtung Meer. Unterwegs hielten wir an einer Tankstelle. Während Michael bezahlte, stieg ich aus. Am anderen Ufer lag Manhattan, eine milchig verschwommene Skyline hinter einem verwilderten Strand. Auf dem Wasser davor schaukelte ein kleines Motorboot. Ich nahm meinen Fotoapparat. Dieses dilettantische Foto ist mein Lieblingsbild. Ein Traumland mit Dornenhecke, Verheißung und Fluch zugleich. Seit ich in dieser Stadt war, dachte ich darüber nach, wie es früher gewesen sein musste, hier anzukommen. Ich beneidete die Auswanderer. Nicht um den Triumph ihrer Ankunft, sondern um den Schmerz ihrer Abschiede. Ich hatte noch nie Heimweh empfunden. Ich war ein Chamäleon, das sich, wo immer es hingeriet, vorstellen konnte, zu bleiben.

In gewisser Weise war auch ich ausgewandert. Mit jeder Montagsdemonstration, mit jeder Runde um den Leipziger Ring hatten wir uns weiter von unserem Land entfernt. Visafrei bis Schanghai. Am Tag, als die Mauer fiel, verschwand das Land, in dem wir bisher gelebt hatten, auf Nimmerwiedersehen und ließ uns zurück.

Bevor wir zum Strand gingen, zeigte mir Michael ein Monument, das an die Opfer eines Flugzeugabsturzes erinnerte. Kurz nach dem 11. September war eine Maschine der American Airlines in das Wohngebiet von Belle Harbor gestürzt. Die meisten Opfer kamen aus dem Viertel Washington Heights und waren gebürtige Dominikaner. Das Denkmal stünde nicht direkt an der Absturzstelle, sagte Michael, einige Anwohner hätten sich dagegen gewehrt, sie wollten nicht an das Unglück erinnert werden. Tote Dominikaner passten nicht in diese Gegend.

Wir liefen über die Dünen. Vor uns lag das Meer, darüber der Himmel. Am Himmel über New York war ein Kommen und Gehen. Die Flugzeuge flogen im Gänsemarsch. Wie nannte man das eigentlich bei Flugzeugen? Diese Stadt wurde ständig ausgetauscht und erfand sich neu. Die Menschen, die kamen und gingen, trugen in sich Geschichten, die jede für sich die Vorlage für einen Roman geboten hätte.

Ich war in einem Land der linearen Biografien groß geworden. Alles bewegte sich in überschaubaren Strukturen. Man lernte einen Beruf, wurde an einen Betrieb vermittelt und – blieb. Oft lebenslänglich. In der DDR hatten die Kollegen den Rang von Familienangehörigen. War ich deshalb von den Lebensläufen meiner neuen Freunde überrascht?

Anna zum Beispiel war zum Studieren in die Stadt gekommen. Als ihr nach wenigen Wochen das Geld ausging, begann sie, als Putzfrau zu arbeiten, und als es immer noch nicht zum Leben reichte, auch als Go-go-Tänzerin in einer Bar. Nebenbei studierte sie Psychologie und spielte Theater. In der Go-go-Bar lernte sie Roman kennen, einen Richter, der seine Mittagspausen mit dem Betrachten der Tänzerinnen verbrachte. Die beiden verliebten sich ineinander, er beendete seine juristische Karriere und eröffnete zusammen mit ihr eine eigene Go-go-Bar. Als sie diesen Teil ihres Lebens »ausgelebt« hatte, wurde sie Dozentin an einem New Yorker College, drehte Dokumentarfilme und schrieb Essays. Bevor ich nach New York gefahren war, hatte ich immer geglaubt, ich sei unternehmungslustig.

Ich lief mit Michael, der, mich wunderte mittlerweile nichts mehr, zusammen mit Suzan Vega an einer Musikschule studiert hatte, durch den weichen Sand. Ich zog meine Schuhe aus und spürte den warmen Boden unter meinen Füßen. Vor mir stolzierte eine Reihe Möwen wie eine Turnerriege in Richtung Brandung. Als ich mich nach einer Muschel bückte, war die Ordnung dahin, und sie flogen erschreckt auf.

Michael lachte und zeigte auf eine besonders große Muschelhälfte im Sand. Diese Muschelhälfte ist heute meine Seifenschale in Markkleeberg. Immer, wenn ich mir die Hände wasche, denke ich daran, dass New York am Meer liegt.

Ein dringendes Bedürfnis trieb uns vom Strand in einen Künstlerclub. Eigentlich wollten wir nur aufs Klo gehen, und dann waren wir, ehe wir uns versahen, bei den Rockaway Artists zum Barbecue eingeladen.

Sie feierten die Eröffnung einer Aquarellausstellung. Auf dem Buffet standen selbst gebackener Kuchen, Kaffee, Salate und Steaks.

Michael stellte mich als Schriftstellerin aus Deutschland vor und der Mann am Eingang sagte: Warum kommen Sie nicht vorbei und lesen bei uns?

Ich erschrak und sagte: Tut mir leid, ich warte noch auf die Übersetzung.

Es war eine Lüge. Natürlich hatte ich meine Übersetzung schon längst vom Goethe-Institut erhalten. *Everyone Dies, Even the Paddlefish.* Nach einer ersten, kurzen Euphorie hatte ich mir eingestehen müssen, dass der Text aus Worten bestand, die ich zuvor weder gelesen noch gehört hatte. Nach wenigen Sätzen wusste ich, dass ich Hilfe brauchte. Diese ungewohnt schnelle Einsicht zeigte den Ernst meiner Lage und ließ mich ins Goethe-Institut zurückkehren. Hilfsbereit willigte meine Übersetzerin ein, mir den Text auf Band zu sprechen. Ich war voller Zuversicht, doch dann kam der Schock. Sie hatte das falsche Kapitel gewählt. Ich traute mich nicht, sie noch einmal zu bitten.

In meiner Verzweiflung war mir, wie so oft, nur ein einziger Vertrauter geblieben: mein Laptop. Er bot mir ein akustisches Wörterbuch im Internet an. Neben jedem Wort war das kleine Bild eines Lautsprechers gezeichnet, der, wenn man ihn anklickte, die Aussprache preisgab. Die erste Schwierigkeit war, dass ich mich zwischen englischer und amerikanischer Aussprache entscheiden musste. Auch meinen ursprünglichen Plan, nur jene Wörter anzuhören, bei deren Aussprache ich unsicher war, musste ich aufgeben. Letztendlich waren es alle. Wort für Wort kämpfte ich mich voran. Ein Satz kostete mich eine Stunde. Das Resultat war, selbst mir, komisch vorgekommen.

Dann eben das nächste Mal, sagte der Mann am Eingang des Rockaway-Kulturzentrums. Ich sei jederzeit willkommen.

Die Rockaway Artists waren ein Verein zur Kunstförderung. Sie übernahmen Mentorenschaften für junge Künstler, organisierten zusammen mit den umliegenden Schulen Kunstprojekte, veranstalteten Ausstellungen, Lesungen, Filmabende und Konzerte. Ich dachte an mein Lieblingswort *Neighborhood*.

Nach meiner Bewerbung am Leipziger Literaturinstitut hatte mir meine Familie zu verstehen gegeben, dass sie diese Ausbildung für unnötig hielt, und mir vorgeworfen, ich würde mir von dem Geld, das andere erarbeiteten, mein Hobby bezahlen lassen. Kunst war brotlos und damit verzichtbar.

Obwohl ich immer einer geregelten, nicht schlecht bezahlten Arbeit nachgegangen war und zu meinem Bedauern wirklich nur »als Hobby« schrieb, hatte meine Mutter bis zu ihrem Tod die Sorge, ich würde in Armut enden.

Als wir uns in Rockaway verabschiedeten, gestand mir Michael, dass er Mitglied in diesem Kunstverein war. Er sagte in einem Ton, als müsse er sich dafür entschuldigen: Ich bin schließlich hier geboren.

Wir fuhren über eine lange Brücke nach Coney Island. Die nächste Station hätte die Überschrift haben können: »Willkommen in der Sowjetunion«. Wir parkten das Auto am Rand einer breiten Einkaufsstraße in Brighton Beach. Viele Ladenschilder waren in kyrillischer Schrift geschrieben. Ich las die vertrauten Wörter: Magasin Knigi, Parikmacherskaja, Apteka.

Bei vielen Läden war die Eingangsfront herausgenommen, und die Auslagen zogen sich bis auf die Straße. Kisten mit Lauchzwiebeln, Maiskolben, Roten Rüben, Paprika, Einlegegurken. Auf Wachstuchdecken türmten sich Kohlköpfe und Kürbisse. Es war ein Überfluss zu Traumpreisen. Eine Ecke weiter gab es ein Lebensmittelkaufhaus. Entlang einer zweistöckigen Galerie zogen sich Theken, hinter denen Verkäuferinnen mit frisch gestärkten Mützen standen. In Tiegeln brutzelten Pilze, in einem Kessel brodelte Gemüsesuppe, es gab Pelmeni mit Smetana und Lachs. Mit einer Mischung aus Herablassung und Würde bedienten die Verkäuferinnen ihre Kunden. Es gab kein gemeinsames Lächeln wie in anderen New Yorker Läden, keine Verbrüderung. Hier waren die Grenzen klar bestimmt: Der Kunde war ein Bittsteller, den die Verkäuferinnen gnädig am Genuss teilhaben ließen. Die bunten, reich verzierten Sahnetorten in den durchsichtigen Plastikschachteln, die in glänzende Folie eingewickelten Konfektstücke, die liebevoll auf Etageren angeordnet waren, ließen bei mir die Erinnerung an meine erste Reise in die Sowjetunion aufkommen. In den Siebzigerjahren waren die Regale der Gastronomläden in Moskau noch gefüllt gewesen. Es gab Krimsekt und Kaviar, Dörrfisch, Wodka und kiloweise Pralinen. Die Verkäuferinnen trugen makellos weiße Häubchen und benahmen sich, als würden sie den Staatsschatz verwalten. Und waren es nicht wirklich Schätze? Wenn die Russen feierten, dann bogen sich die Tische. Wir bestaunten damals in unserem Hotelrestaurant die Suppenschüsseln mit rotem Kaviar und waren, bevor wir widersprechen konnten, zu einer Hochzeit eingeladen. Mit Wassergläsern voll Wodka stießen wir auf die »Völkerverständigung« an, die uns plötzlich nicht mehr nur befohlene »Herzenssache« war. In Russland fanden wir die Russen ausgesprochen nett. Zu Hause wurden sie wieder zu uniformierten Besatzern, die uns fremd blieben.

Als die Mauer fiel, gingen sie ohne Abschied. Wohin? Darüber machten wir uns keine Gedanken.

Anfangs bemerkten wir auch nicht, dass andere gekommen waren. Einige von ihnen sprachen ein merkwürdiges Deutsch, mit Redewendungen, die längst aus unserer Alltagssprache verschwunden waren. Es waren Aussiedler aus Kasachstan und aus den Wolgagebieten. Jahrzehntelang hatten sie sich nach der fremden Heimat verzehrt und für diesen Traum alles zurückgelassen, was sie liebten: ihre Dörfer, ihre Häuser, ihre Verwandten. Sie kamen voller Hoffnung in ihr Schlaraffenland, das sie als Bittsteller empfing. Die Familien, die ich kennenlernte, nahmen jede Arbeit an, die sie bekommen konnten, nur um nicht wieder zurückfahren zu müssen. Aus Klavierlehrerinnen wurden Putzfrauen und aus Ingenieuren Lastwagenfahrer. Sie murrten nie, waren sparsam und ehrgeizig. Sie wollten, dass es ihren Kindern einmal besser ging.

Die Putzfrau meiner Mutter war eine kleine, rundliche Frau aus Kasachstan. Sie brachte meiner Mutter Geschenke zu Weihnachten, Ostern und zum Geburtstag.

Als meine Mutter starb, fand ich all diese Geschenke, und ich dachte, dass die kasachische Putzfrau, über viele Jahre hinweg, für meine Mutter vielleicht mehr eine Familie gewesen war als ich.

Auf der Strandpromenade von Coney Island saßen die alten Männer an ihren mitgebrachten Campingtischen und spielten Schach.

Die Frauen hatten es sich auf den Bänken neben Tatianas Restaurant bequem gemacht und reckten ihre Gesichter der Herbstsonne entgegen. Die älteren Frauen trugen bereits ihre Winterjacken, während die jüngeren noch nicht auf Sandaletten und Sonnenbrillen verzichten wollten.

Auf der anderen Seite der Promenade standen drei Musiker in einem offenen Holzpavillon und spielten einen Tango. Die Frauen auf der Bank hatten die Augen geschlossen und genossen die Töne, die der Wind zu ihnen hinüberwehte. Wir schlenderten die Strandpromenade entlang, die so breit wie ein Highway war. Ich versuchte mir vorzustellen, wie es hier im Sommer aussehen würde.

Bei meiner Zimmersuche hatte ich mir im Internet auch die Angebote in Brighton Beach angesehen. Ich hätte es verlockend gefunden, in Strandnähe zu wohnen, doch mich hatte die Formulierung »nette osteuropäische Nachbarschaft« verunsichert. In Brighton Beach kannst du jede Art Geschäft abschließen, sagte Michael.

Der Wind frischte auf, und wir beschlossen, in Tatianas Restaurant einen Tee zu trinken. Als wir die mit Plastikplanen »verglaste« Veranda betraten, sah ich die Brandlöcher in der Folie. Es hat gerade wieder eröffnet, sagte Michael. Wir bestellten einen weißen Tee, der uns in einer Glaskanne serviert wurde. Eingelullt vom Singsang der russischen Sprachmelodie, der von den Nachbartischen zu uns herüberdrang, sahen wir zu, wie sich die Blüte im heißen Wasser entfaltete.

Eine Geschichte, für die am Stammtisch keine Zeit mehr gewesen war, musste ich Michael noch zu Ende erzählen.

In Leipzig war der kleine Gedenkstein neben dem Parkplatz endlich durch ein größeres Mahnmal ersetzt worden. Jetzt standen auf dem etwas erhöhten Grundriss der Synagoge leere Metallstühle. Viele Reihen leerer Stühle, an denen alle Passanten ehrfurchtsvoll vorübergingen.

Eines Tages waren die Stühle besetzt gewesen. Es war ein schöner Herbstnachmittag. Erst dachte ich an eine respektlose Touristengruppe, doch dann sah ich das Keyboard unter einer Platane stehen. Eine Pianistin in Rüschenbluse spielte mit dem feierlichen Ernst einer Musikpädagogin zum Tanz. Auf der Fläche vor den Stühlen bewegten sich kostümierte Jungen und Mädchen mehr oder weniger im Takt. Die Bewegungen erinnerten mich an ein russisches Estradenprogramm. Sie tanzten, getrieben vom Beifall ihrer Familien und den Handzeichen der Musikpädagogin, zum Tora-Freudenfest. Wie selbstverständlich hatten die Einwanderer in meiner Stadt eine Lücke geschlossen.

Nach unserer Teestunde machten wir einen Spaziergang am Meer. An der Wand des »Aquariums« entdeckte ich zwischen vielen Graffiti den Satz: *There are over 200 languages spoken in New York City, making it the most diverse city on earth.*

Die New Yorker waren stolz darauf, dass in ihrer Stadt über zweihundert Sprachen gesprochen wurden. Wo ich herkam, wäre darüber gejammert worden. Das Jammern spielte eine große Rolle in meinem deutschen Leben. Es wurde über alles gejammert: über die Nachbarn, fehlende Lehrstellen, das kalte Wetter, das warme Wetter, die Ausländer, die uns die Arbeit wegnahmen, die Ausländer, die nicht arbeiten wollten, über Zugverspätung und steigende Butterpreise. Auch ich war eine aktive Jammererin. Wurde ich gefragt »Wie geht's?«, antwortete ich: »Es geht.« Ein »Gut« wäre euphorisch gewesen und ein »Sehr gut« hätte den Verdacht aufkommen lassen, ich wäre manisch.

In New York war »great« die unterste Stufe. Alles, was nicht »wonderful« oder »fantastic« war, galt als Nihilismus. Diese Formulierungen, die wir in Deutschland als Oberflächlichkeit werteten, waren der Ausdruck von Überlebenswillen. Wer zugab, dass es ihm schlecht ging, hatte verloren, auch vor sich selbst. In New York wurde nach vorn gesehen und nicht zurück. Die Deutschen, denen ich in New York begegnete, hatten diese Mentalität angenommen. Ich traf einen Musiker aus Erfurt, der gleich nach dem Mauerfall, getrieben von der ostdeutschen Wahnvorstellung, er könne in dieser Stadt ein berühmter Jazzpianist werden, nach New York gekommen war. Mit wenig Geld und ohne Greencard. Er schwor sich, nie aufzugeben. »Auf Biegen und Brechen!« Er nahm jede Arbeit an: spielte als Barpianist, war Synchronsprecher für Trickfilme, verkaufte Pianos an der Upper East Side, hatte einen eigenen Import-

Export-Vertrieb für Musikinstrumente, und er gründete eine Catering-Firma. In dieser Firma stellte er sich selbst als einzigen Angestellten ein und löste so sein Problem mit der Greencard. Er arbeitete auf Botschaftsempfängen und schenkte in seiner Personalunion als Chef und eigener Angestellter der damaligen Umweltministerin Merkel Kaffee nach. Der Thüringer blieb in New York, bis heute. Auf Biegen und Brechen.

Im Luna Park von Coney Island konnte man auf ein lebendes Ziel schießen. »Live human target«, fünf Schuss für drei Dollar. Unterhalb der Strandpromenade lag ein verwildertes Grundstück, in dem sich ein junger Mann hinter Trümmerstücken versteckt hielt. Geschützt durch Helm und Schild, wehrte er sich, so gut es ging. Auf Biegen und Brechen. Auch das war ein Job. Das Gelände war übersät von den Spuren der Paintball-Patronen.

Das Dreamland machte einen verlotterten Eindruck. Die Metallzäune hatten Roststellen, und an den Karussells konnte man die mehrfach aufgetragenen Farbschichten erkennen. Die Farbtöne waren aus einer Zeit, als die Mädchen noch Petticoats unter ihren Kleidern trugen. Auch das Publikum war in die Jahre gekommen. Ich hatte einen Hochleistungsrummelplatz erwartet und fand einen Ort, an dem die Zeit stehen geblieben war.

Nächstes Jahr wird hier alles renoviert, sagte Michael.

Schade, sagte ich.

Das Coney Island Museum wurde von einer Hippiefrau bewacht. Der Eintritt kostete neunundneunzig Cent. Wir gaben ihr fünf Dollar für ihren Verein, der, wie hätte es anders sein können, von Anwohnern aus der Nachbarschaft betrieben wurde.

Sie hatten alles gesammelt: alte Fotografien, Plakate, Eintrittskarten. Karussellgondeln, einen ausgestopften Bären. Alles, was übrig geblieben war von den Träumen des vergangenen Jahrhunderts. Es war eine Kinderwelt, in die ich mich sofort zurücksehnte. Wir hatten diese Art von Verführung verlernt. Wir suchten für alles eine Erklärung, wollten, dass der stärkste Mann der Welt wirklich der stärkste Mann der Welt war, und vergaßen, dass es viel schöner gewesen wäre, wenn auf der Bühne ein dickbäuchiger Schwindler mit Pappgewichten gestanden hätte.

Der nächste Teil der Ausstellung war dem »Mann der Träume« gewidmet, den ich niemals mit New York in Verbindung gebracht hätte, denn Sigmund Freud hatte, wie im Museum zu lesen war, diese Stadt einen »gigantischen Irrtum« genannt. Nur Coney Island hatte er geliebt und dort eine große Fangemeinde hinterlassen. Fasziniert betrachtete ich eine Buntstiftzeichnung mit der Überschrift *Inconcious drives,* auf der seine Jünger einen Autoscooter in »Ich«, »Es« und »Über-Ich« einteilten. Nach ihrer Meinung vereinte ein Autoscooter *infantile impulse, sadistic symptom* und *mystical phobia.* Mit diesem Gedanken war ich noch nie Autoscooter gefahren.

Das Museum befand sich im ersten Stock. Vom Fenster aus konnte ich über den Rummelplatz sehen. Vielleicht war das Riesenrad, das hier Wonder-Wheel hieß, ein riesiger Traumfänger. Nicht die große Metropolisuhr hielt diese Stadt in Bewegung, sondern dieses alte Riesenrad.

Als ich ging, fragte mich die Frau am Eingang, woher ich käme.

Aus Deutschland? Oh, wie schön! Ob ich wüsste, dass ein deutscher Unternehmer hier auf Coney Island die ersten Hotdogs verkauft hätte.

Oh, wie schön, sagte ich.

Zum Abschied lud sie mich zur »Mermaid Parade« im nächsten Jahr ein. Zur Erklärung zeigte sie auf Plakate, die im Treppenaufgang hingen. Ich sah einen maritimen Narrenumzug mit Mermaid-König und Mermaid-Königin.

Wer es im nächsten Jahr sein würde?

Die Frau lächelte, legte einen Finger an ihre Lippen und flüsterte: Vielleicht Laurie Anderson und Lou Reed.

Lou Reed als Faschingskönig und Laurie Anderson als seine Königin. Nach drei Wochen in New York wunderte mich gar nichts mehr.

Auf dem Heimweg versuchte ich, mich an Lou Reeds »Coney Island Baby« zu erinnern, eine seiner sanften Platten.

Die Musik unserer Feinde hatte ich immer geliebt. Davon hatten mich weder meine Eltern noch meine Lehrer und auch nicht die amerikafeindliche Politik meines Landes abhalten können.

Der Kauf meines ersten Kofferradios war der Beginn meiner inneren Unabhängigkeit. Ich war süchtig nach Musik. Oft wartete ich nächtelang vor dem Radio, um einen bestimmten Titel zu hören. Als Anfang der Siebzigerjahre der Film *Blutige Erdbeeren* in die DDR-Kinos kam, war ich wie im Fieber. Der Film, der zu unserer Abschreckung gedacht war, sollte uns die Unterdrückung der fortschrittlichen amerikanischen Jugend zeigen. Die Handlung ging zurück auf eine Revolte an der Columbia-Universität im Jahr 1968. Eine Woche lang hielten die Studenten mit der Forderung auf Mitbestimmung den Campus besetzt und konnten erst mit Polizeigewalt dazu gezwungen werden, aufzugeben. Der stellvertretende Dekan hatte damals gesagt, eine Universität sei definitiv keine demokratische Einrichtung. Ob Studenten für oder gegen einen Erlass stimmten, sei für ihn in etwa so entscheidend wie die Frage, ob sie Erdbeeren mögen oder nicht.

Statt uns abzuschrecken, entfachte das »Strawberry Statement« unsere Leidenschaft. Schuld daran war der Soundtrack. Wir schwelgten in den Kompositionen von Crosby, Stills, Nash & Young, Lennon und Mitchell. Wir konnten uns nicht sattsehen und satthören am Bösen. Wochenlang waren die Kinos ausverkauft. Es gab niemanden in meiner Klasse, der den Film nicht mindestens dreimal gesehen hatte. Und wer glücklicher Besitzer eines Kassettenrekorders war, versuchte, geschützt durch die Dunkelheit im Zuschauerraum, heimlich die Musik aufzunehmen. Wenn zum Schluss des Films zu den Klängen von John Lennons *Give Peace a Chance* die Revolte mit Tränengas und Schlagstöcken beendet wurde, hatten auch wir Tränen in den Augen.

Von nun an knieten wir uns am Ende jeder Schuldiskothek im Kreis auf den Boden, schlugen im Takt auf die geölten Dielenbretter und sangen wie unsere Filmhelden: »All we are saying is give peace a chance«. Wir schlugen und schlugen und warteten, dass die Polizei käme, um uns herauszutragen. Am Ende vom Lied hatten wir alle schwarze Hände und Knie, und der Hausmeister sagte: Passt auf, dass ihr euch keine Splitter eingezogen habt.

Nicht immer ging es in Leipzig so glimpflich ab. Die Parteileitung war bekannt für ihre Härte. Ich war neun Jahre alt, als meine große Schwester aufgeregt nach Hause gerannt kam und erzählte, dass die Polizei Jugendliche, die für den Erhalt ihrer Lieblingsgruppe »The Butlers« demonstriert hatten, mit Wasserwerfern und Hundestaffeln durch die Innenstadt trieb. Wer gefasst wurde, kam zur Zwangsarbeit einige Wochen in den Tagebau.

Das »Ende der Hoffnung Beatmusik« hatte es der Chef der Gruppe, Klaus Renft, damals genannt. Als er mit der »Klaus Renft Combo« Jahre später seine Auferstehung feierte, wurde ich ihr Fan.

Musik und Rebellion gehörten für mich immer zusammen. Mit der Musik, die wir hörten, lehnten wir uns gegen unsere Eltern auf und, was viel wichtiger war, auch gegen den Staat. Musik war nicht nur eine Frage des Geschmacks, sondern auch der Gesinnung. Wer Stones-Fan war, konnte kein Beatles-Fan sein. Wer in der DDR die Lieder der Renft Combo liebte, verachtete die staatsnahen Puhdys. Über die Musik zeigten wir unsere Haltung.

Als die Klaus Renft Combo Anfang der Siebzigerjahre im Rahmen der Aufzeichnung einer Jugendsendung in Leipzig spielte, stand ich in der ersten Reihe und wurde auf die Bühne gewinkt. Ich stellte mich neben »Monster« Schoppe und sang: »Nach der Schlacht waren die Wiesen rot, nach der Schlacht waren alle Kameraden tot.« Stolz kündigte ich allen Freunden meinen Fernsehauftritt an. Ich wartete vergeblich. Die Gruppe Renft und ich waren aus der Sendung herausgeschnitten worden. Die Musiker hätten »die Arbeiterklasse verletzt und die Staats- und Schutzorgane diffamiert«. Kurz darauf bekamen sie Auftrittsverbot und wurden aus dem Land getrieben. Ich blieb zurück. Von nun an spielten wir am Ende jeder Diskothek einen Renft-Titel.

Auch das Ende der DDR kündigte sich musikalisch an. Als »The Boss« Bruce Springsteen im Sommer 1988 vor hundertsechzigtausend Rockfans in Ostberlin auftreten durfte, sangen sie gemeinsam mit ihm: *Born in the USA*. Es war mehr als das Nachsingen eines Rocktextes.

An einem regnerischen Tag lief ich zur Columbia-Universität. Auch wenn ich wusste, dass *Blutige Erdbeeren* in San Francisco gedreht worden war, fühlte ich mich auf dem Campus wie auf einem Filmset. Das Pflaster glänzte im Regen, als wäre es lackiert. Am liebsten hätte ich *Circle game* gesungen und die Faust nach oben gereckt. Ich ließ es bleiben. Ich war umgeben von friedlichen Studenten, die nichts weiter wollten, als mit ihren Büchern unter dem Arm schnell durch die Nässe in ihr Seminargebäude zu kommen. Ich stieg die Stufen zum Hauptgebäude nach oben und stellte mir vor, wie es wäre, wenn ich hier studieren würde. Mit stillem Neid betrachtete ich die Studenten, die in der Eingangshalle warteten. Wahrscheinlich dachten alle, ich wäre eine Mutter, die ihr Kind sucht.

Um nicht aufzufallen, betrachtete ich die Aushänge. *Freedom without walls,* meine ostdeutsche Vergangenheit verfolgte mich bis an diese Universität. Einen Monat lang gab es hier Vorträge, Podiumsgespräche, es wurden Filme gezeigt wie *Sonnenallee* und *Good bye, Lenin!*. Die Wiedervereinigung Deutschlands war allgegenwärtig in New York, auch an diesem Abend. Das Thema des Vortrags war: *One Germany – A Reunited Nation?* Mir gefiel das Fragezeichen. Es gab nicht viele, die zugaben, dass auch zwanzig Jahre nach dem Mauerfall hinter diesem Satz noch ein Fragezeichen stand. Die Vortragsrednerin war Gesine Schwan.

Mit einem Gefühl aus Genugtuung und Ehrfurcht betrat ich am Abend einen großen Hörsaal in der Columbia-Universität und setzte mich zwischen die Studenten.

Gesine Schwan kam lachend in den Saal gestürmt, umarmte auf dem Weg zur Bühne einige Freunde und wirkte dabei nicht wie eine Kandidatin für das Amt des Bundespräsidenten, sondern wie eine entspannte Langzeitstudentin. Sie hielt eine kluge Rede. Mitten in New York sprach jemand aus, worüber in Deutschland oft nur in Andeutungen geredet wurde. Die Wiedervereinigung war ein Prozess, der noch längst nicht abgeschlossen war. Wir waren keine gesamtdeutsche Familie, die sich in den Armen lag, sondern misstrauische Verwandte. Ich selbst fühlte mich manchmal wie ein Adoptivkind, von dem erwartet wurde, dass es sich bei Tisch gut benahm. Zwar hätten wir, mathematisch gesehen, in zwanzig Jahren genügend Zeit gehabt, unsere Trennung zu verwinden. Doch Wiedervereinigung war keine Mathematik, Mauerjahre zählten mehrfach. Finanziert von dem merkwürdigen Sponsorenteam »Bundesregierung, Air Berlin und Maritim Hotels«, war am Eingang ein schmales, etwa ein Meter langes Band verteilt worden, dessen Textzeile es auf simple Weise auf den Punkt brachte. *Place this across your kitchen table... ...now keep it between you and the person on the other side for 28 years.*

Wir brauchen Zeit, Geduld und, wie Gesine Schwan sagte, gegenseitige Neugier. Vor allem die Westdeutschen seien zu wenig an der Geschichte ihrer ostdeutschen Verwandtschaft interessiert.

Ein Defizit, das sich sehr einfach erklären ließ.

Ich sehe meine Tante Eva vor mir, die Woche für Woche jeden Sonntagvormittag eine Stunde lang vor ihrem *Staßfurt Patriot* saß und das Fernsehprogramm von den Bildtafeln der ARD akribisch zwischen die Zeilen ihrer ostdeutschen *FF dabei* übertrug.

Welcher Westdeutsche hätte einen Grund gehabt, sich das ostdeutsche Fernsehprogramm in seine *Hörzu* zu schreiben? Es sei denn, er wäre ein beinharter Kommunist gewesen.

Als die Mauer fiel, waren wir Ostdeutschen durch die Fernsehwerbung gut ausgebildete Kunden. Das Dilemma war nur, dass der Westen, der uns hinter der Mauer erwartete, weder nach Intershop noch nach Westpaket roch.

Der größte Teil des Publikums im Hörsaal der Columbia-Universität war so jung wie meine Tochter. Für meine Tochter waren meine Erzählungen von Ostdeutschland Märchenstunden. Sie war, nicht immer zu meiner Freude, mit Disneyfilmen aufgewachsen, mit McDonald's, Heavy Metall und Hollywood. Sie träumte von einem Studium in den USA und zählte mir wie ein Gebet die Namen berühmter Universitäten auf.

Worauf ich nur sagte: Amen! Und auf meinen Kontostand bei der Markkleeberger Sparkasse verwies.

Obwohl ich wusste, dass ich ihren Träumen damit neuen Stoff gab, kaufte ich ihr ein Columbia-University-Shirt.

Die Liebe meiner Tochter zu Amerika hatte nach dem 11. September begonnen. Genau an dem Tag, an dem es überall auf der Welt eine Gedenkminute für die Opfer geben sollte. Die Lehrerin meiner Tochter hatte diese eine Minute des Schweigens für unnötig gehalten und mit dem Unterton »Die Amerikaner sind selbst schuld« den Unterricht weitergeführt.

»Geschieht den Amerikanern recht«, hatte jemand in meinem S-Bahn-Abteil gesagt, als ich am Abend des 11. September nach Hause fuhr. In diesem Satz zeigte sich die Verwirrung, die Ideologie anrichten konnte. Nicht der amerikanische Präsident war unter den Trümmern begraben worden, sondern Bankangestellte, Sekretärinnen, Pförtner. Niemand wusste, wen die Menschen, die in ihrer Verzweiflung Hand in Hand aus dem Fenster ihres Büros gesprungen waren, gewählt hatten. Ich selbst wollte auch nicht für die DDR-Politik verantwortlich gemacht werden.

Ich ertappte mich dabei, dass ich alle Freunde in New York fragte, was sie am 11. September 2001 gemacht hätten. War es Voyeurismus? War es Mitgefühl? Wollte ich den Fernsehbildern ein »Gesicht« geben und mich reinwaschen, weil ich zugesehen hatte, wie über dreitausend Menschen starben? Seit diesem Tag hat das Wort »Fernsehzuschauer« für mich einen anderen Klang.

Wenn ich an den 11. September denke, dann ist es auch das Nachdenken über Verdrängung.

Selbst als die Qualmwolken aus dem ersten Turm drangen, verschwendete ich keinen Gedanken an eine Katastrophe. Ich vertraute der Einsatzfreude der New Yorker Feuerwehr, glaubte an Hubschrauberpiloten, die mit spektakulären Aktionen die um Hilfe flehenden Menschen von den Fensterbrettern retten würden. War ich gefangen in der Fantasie amerikanischer Drehbuchautoren? Ich saß im Funkhaus auf einem orangeroten Sofa und sah zu, wie in einer Liveübertragung eine Passagiermaschine in den zweiten Turm flog. Ich guckte nicht weg, als die Szene wiederholt wurde, schnell, langsam, aus einer anderen Perspektive, mit und ohne Zoom. Ich sah es mir an, wie ich mir einen Spielfilm angesehen hätte.

Als ich an der Fassade entlang einen Schatten fallen sah, brauchte ich einige Zeit, bis ich mir eingestand, dass es ein Mensch gewesen war. Mir fiel ein, dass meine Tochter gerade aus der Schule zurückgekehrt war und allein zu Hause saß.

Sie weinte am Telefon. Was ist, wenn die Türme einstürzen?

Das ist Stahlbeton, sagte ich mit meinem geballten Bauingenieurswissen: Das hält!

Doch ein solches Szenario hatten wir bei meinem Studium an der Ingenieurschule in Leipzig-Dölitz nicht behandelt.

Kurz nach dem Telefonat stürzte der erste Turm ein. Und dann tat ich etwas, wofür ich mich schäme. Statt zu meiner Tochter zu fahren, blieb ich auf meinem Sofa sitzen und sah mir im Fernsehen an, wie auch der zweite Turm in sich zusammenfiel. Erst dann ging ich nach Hause.

Bevor ich nach New York gefahren war, hatte ich meiner Tochter versprochen, am Ground Zero eine Blume niederzulegen. Es gelang mir nicht. Ground Zero war eine Baustelle, die aussah wie eine Baustelle. Das Foto, das ich als Beweis machte, zeigt einen Bauzaun mit einer Plane, auf der »One World Trade Center« steht. Auf dem Gehweg daneben warten Passanten vor einer Verkehrsampel, die warnend eine rote Hand zeigt.

In all den Wochen in New York hatte ich das Gefühl, dass meine neu gewonnenen Freunde weder die Weltwirtschaftskrise noch Raubüberfälle oder Terroranschläge fürchteten, sondern einzig von der panischen Angst beherrscht waren, nicht vorschriftsmäßig über die Straße zu gehen. Durch meine Italienreisen gewohnt, Verkehrsampeln nur als wohlgemeinten Hinweis zu sehen, wurde ich ständig am Arm gehalten, wenn ich versuchte, bei Rot eine unbefahrene Straße zu überqueren.

Auch das Ampelmännchen hatte mich bis New York verfolgt. Es war für mich eine Ironie der Geschichte, dass als »Gesicht der DDR« weder das Konterfrei von Walter Ulbricht noch das von Erich Honecker geblieben war, sondern das Ampelmännchen, das mir in meiner Kindheit, unterstützend zu den Ampelfarben, an jeder Straßenkreuzung den Weg gewiesen hatte. Bei Rot bleibe stehen, bei Grün kannst du gehen! Im Nachhinein fand ich diese Regelung halbherzig. Hätten wir in einem kommunistischen Land nicht bei Rot über die Kreuzung gehen müssen?

Das im Jahr des Mauerbaus von einem DDR-Psychologen entworfene Ampelmännchen war das erste seiner Art gewesen und hatte bald darauf seinen Siegeszug um die ganze Welt angetreten.

Auf der gegenüberliegenden Seite der Straße, die ich vorschriftsmäßig überquerte, stand, mitten im Stadtverkehr, eine kleine Kirche mit einem alten Friedhof. Die Grabsteine waren geschwärzt, ob von Rußwolken oder von den Jahrhunderten, vermochte ich nicht zu erkennen. Im Inneren der Kirche standen Glasvitrinen mit versengten Uniformjacken, Briefen von Kindern an ihre Väter. Reliquien des Abschieds. Diese wenigen Ausstellungsstücke machten die Katastrophe sichtbar.

Obwohl die Toten unterschiedlicher Herkunft waren, hatte uns der 11. September etwas Schreckliches hinterlassen: Misstrauen. Misstrauen gegen jeden, der anders aussah, gegen jeden, der eine andere Sprache sprach, Misstrauen gegen jeden, der eine andere Religion hatte.

Ich werde nie mehr ein frei stehendes Gepäckstück auf einem Bahnsteig sehen können, ohne an eine Bombe zu denken. Nie mehr wird ein Reisender einem anderen Reisenden seinen Koffer zur Aufsicht überlassen. Während ich in Dublin sieben Stunden auf meinen Anschlussflug wartete, hörte ich unentwegt die Durchsage, dass ich mein Gepäck nicht unbeaufsichtigt lassen sollte, weil es sonst »möglicherweise zerstört« würde. Dieses *maybe destroyed* brannte sich so in mein Gedächtnis ein, dass ich mich nicht traute, meinen Koffer vor der Tür stehen zu lassen, als ich auf die Toilette musste. Ich wagte auch nicht, ihn im Waschraum in eine Ecke zu stellen. In meiner Verzweiflung ging ich zusammen mit meinem Rollenkoffer aufs Klo. Ich war nicht die Einzige.

Ich lief von Ground Zero zur Südspitze Manhattans. Es war ein schöner, ruhiger Ort. Es gab einen Park mit Bänken, Fontänen und Wasser, das über eine runde Steinplatte lief. Durch die Blätter der Bäume schimmerte das Meer. Ich genoss die Stille. Es dauerte eine Weile, bis ich merkte, dass ich mich im Gedenkpark für die Opfer des Vietnamkriegs befand.

Ich ging an dem Glaswall entlang und versuchte, die Inschriften in den Steinen zu erkennen. Es waren Sätze aus persönlichen Dokumenten, Briefen, Tagebucheintragungen, die voller Zweifel waren. Ich las: »Ich bin nicht sicher, ob sie es hören oder ob sie es vergessen wollen.« Es berührte mich merkwürdig, dass ich plötzlich Mitgefühl mit den Tätern bekam.

Vietnam war der erste Krieg in meinem Leben gewesen. In der Schule hatte ich Fotos von brennenden, mit Napalm übergossenen Kindern gesehen, die so alt waren wie ich.

Das zweite Mal, dass ich mich über die amerikanische Politik empörte, war am 11. September 1973 gewesen. An diesem Tag ging ich das erste Mal freiwillig zu einer Demonstration. Ich stand mit Gänsehaut und Tränen in den Augen in der Leipziger Innenstadt vor dem Dimitrow-Museum und protestierte gegen die Militärjunta und die amerikanischen Drahtzieher des Putsches in Chile.

Die Entwicklung in Chile war uns wie eine Vision erschienen. Ein demokratischer Sozialismus, der uns hoffnungsvoll stimmte. »Hört das Lied vom chilenischen Metall«, hatte meine Lieblingsgruppe »Renft« gesungen und damit das Kupfer gemeint, das jetzt dem Volk gehörte. Dann kam der Putsch. Für die Grausamkeit der Militärjunta stand das Schicksal des Sängers Victor Jara, den die Soldaten in ein Fußballstadion verschleppten. Dort brachen sie ihm die Hände, damit er nicht mehr Gitarre spielen konnte. Er sang weiter, auch ohne Gitarre, bis sie ihn mit Maschinengewehrsalven erschossen. »Venceremos«, »Wir werden siegen!«.

Bis zum Herbst 1987 wäre mir nicht der geringste Zweifel gekommen, dass mein Land in diesem Fall auf der richtigen Seite stand. Dann kam die Junioren-Fußballweltmeisterschaft in Chile, und wir alle wussten, dass die Fußballer in jenem Stadion spielen sollten, in dem man dem Sänger Victor Jara die Hände zerschlagen hatte. Wir waren der tiefen Überzeugung, die DDR-Fußballmannschaft würde gegen diesen Austragungsort protestieren und nicht an der Weltmeisterschaft teilnehmen. Doch so viel politische Haltung war den Sportfunktionären nicht abzuverlangen. Putsch war Putsch, und Fußball war Fußball.

Wütend schrieben wir als Seminargruppe des Literaturinstituts an den Präsidenten des Turn- und Sportbundes der DDR, Manfred Ewald, und forderten eine Erklärung. Wir waren uns bewusst, dass dieser Brief eine Provokation war.

Statt eines Antwortbriefs sandte uns das Ministerium einen Sportjournalisten von der Jugendzeitschrift *Junge Welt.*

Es war ein Gespräch, für das mir nur ein Wort einfällt: beschämend. Er versuchte, uns einzureden, dass die DDR-Fußballmannschaft in geheimem Auftrag nach Chile gereist wäre, »Undercover-Fußball« zur Rettung verfolgter Kommunisten. Er beendete jede seiner Ausführungen mit einem zynischen: Und? Und? Und? Was wollen Sie noch wissen?

Wir stritten mit ihm, bis er, in die Enge getrieben, aussprach, was niemand von uns für möglich gehalten hätten: Die DDR hatte die Handelsbeziehung zur Militärjunta in Chile nie abgebrochen. Der Grund war das Kupfer: das chilenische Metall.

Plötzlich stand mein bester Freund auf und sagte: Und? Und? Und ich werde Sie nicht fragen, ob Sie in diesem Verhalten der DDR-Sportler eine Parallele zu den Olympischen Spielen 1936 sehen.

Danach herrschte Schweigen im Raum. An diesem Tag im Oktober 1987 begann ich, heimatlos zu werden.

Ich lief hinunter zum Meer. Die Brandung schlug gegen die Kaimauer, und ich beobachtete eine Fähre, die von Staten Island Kurs auf Manhattan hielt. Ich stellte mir vor, die Touristen an Bord wären Einwanderer. Jemand hatte gesagt, wenn man in New York wohne, müsse man nicht mehr in Urlaub fahren, weil alle Länder schon da seien.

Die Bewohner meines Lieblingslandes Italien waren mir schon kurz nach meiner Ankunft auf der 5th Avenue entgegengekommen. Rollschuh laufende Teenies mit italienischen Fahnen, das Italian-American Women's Center, die Libera Associazione Poeti e Scrittori, Militärkapellen, eine Feuerwehr mit dem Banner »Thank you America for all your love«. Sie alle hatten den Eindruck verströmt, dass sie ausgesprochen glücklich waren, in New York eine Heimat gefunden zu haben. Die Zuschauer am Straßenrand winkten ihnen zu. Ich stand, die Hände in den Taschen, etwas einsam auf einem Stein am Rande des Central Parks und sah die Columbus-Day-Parade vorüberziehen. Auf dem Rückweg lief ich über eine Wiese und trat gegen einen Stock, ein bisschen aus Übermut, ein bisschen aus Wut. Dabei riss ich mir meinen Schuh auf.

Ich brachte ihn zu einem russischen Schuster in Brooklyn, der mir als Spezialist empfohlen worden war. Als ich ihm den Schuh zeigte, brummelte er vor sich hin, und ich fürchtete schon, er würde mich wegschicken. Doch dann nickte er. Ich sagte *Bolschoje spasibo,* und der Schuster sah auf und lächelte.

In New York lernte ich, freundlich zu sein.

Wie man in den Wald hineinruft, so schallt es heraus. Meine Mutter hatte solche Sprüche geliebt und mich meine ganze Kindheit lang damit traktiert. Sie hätte sich gefreut.

Unerwartet hatte ich einen Auftritt auf dem Broadway. Ich ging nach meiner Arbeit im Mary House am Broadway spazieren, als ich plötzlich Geschrei hörte, spitze Schreie, enthusiastisches Kreischen. Am Straßenrand drängten sich junge Mädchen. Aber wo war der Star? Und vor allem, wer war es? Ich versuchte von der gegenüberliegenden Straßenseite etwas zu erkennen, und dann sah ich die Schilder und Poster mit der Aufschrift »Tokio Hotel«. Mein Land verfolgte mich überall hin, nach East Village, an die Columbia University und nun auch an den Broadway. Warum schreien sie wegen einem Hotel?, fragte der Mann neben mir.

Das ist eine Boygroup aus Deutschland, sagte ich. Aus Ostdeutschland.

Ah, East Germany! Auf dem Gehweg verbreitete sich die Kunde: Diese Frau weiß Bescheid. Kurz darauf war ich von Menschen umringt, denen ich Auskunft gab. Ob man diese Musik hören müsse, fragte mich ein Mann.

Ich glaube nicht, sagte ich.

Oh, danke!, sagte er und hätte mich fast umarmt. Alle, die um mich herumstanden, waren erleichtert. Jetzt konnten sie mit der Gewissheit, nichts zu verpassen, weitergehen.


Es hätte so schön sein können in dieser Stadt, wenn nicht an jedem Morgen kurz nach dem Aufwachen eine Erinnerung aufgetaucht wäre: die Lesung. Eine rote Signalleuchte, die mich mahnte.

Ich entschloss mich, im Mary House um Hilfe zu bitten. Irgendwo hatte ich gelesen, East Village wäre wie Yin und Yang.

Als ich Janes Büro betrat, wusste ich, dass es stimmte. Das Zimmer war ein Balanceakt. Die Schränke und die Regale waren vollgestopft mit Büchern, alle Tische belegt. Bücher hielten den Fußboden besetzt. Alles war auf wunderbare Weise unordentlich. Bevor ich mich setzte, musste ich einen Bücherstapel vom Sessel auf den Fußboden legen. Jane wollte, dass ich mich ins Gästebuch eintrug, doch sie konnte es nicht finden. Ich war nicht böse darüber. Plötzlich schnellte sie während unseres Gesprächs nach oben und zog ein dickes Buch unter einer Schreibtischlampe hervor.

Nichts sei mehr wie früher, sagte Jane mit ihrer rauen Stimme. Augenscheinlich schien das nicht für ihr Büro zu gelten.

Es gab keinen Computer, kein Handy. Das einzige Telefon im Haus war unten im Flur an die Wand geschraubt. Wenn es klingelte, nahm ab, wer in der Nähe war, und rief den Namen des Gewünschten durch das ganze Haus. Wie viele Mitglieder die Kommune hatte, konnte ich nur schätzen. Mit Gästen hätten es etwa zwanzig sein können, was hieß: Das Telefon klingelte ständig.

Manchmal pries ein Gast mit Engelszungen die Vorzüge des Internets als ein stilles Wunderwerk mit E-Mails, die nicht klingelten und die beantwortet werden konnten, wenn Zeit dazu war. Doch bei Veränderungen endete die Toleranz im Mary House. Alles sollte bleiben, wie es war. Selbst ein neuer Farbanstrich in der Toilette wurde abgelehnt. Und so war es fast eine Revolution, als ein Kofferfernseher angeschafft wurde. Für Evelyn, die nicht mehr laufen konnte. Als müsse sie wie eine Mutter prüfen, was sich die siebzigjährige Evelyn anschaute, saß Jane an den Abenden mit im Speiseraum und rückte, weil sie unzufrieden mit dem Empfang war, unentwegt an der Zimmerantenne. Sie tat es vor allem, während der Film lief, was dazu führte, dass nur die Werbeblöcke gut zu sehen waren.

Ich beichtete Jane meine Angst vor der Lesung. Sie sagte nicht euphorisch, ja, klar helfe ich dir, jemanden zu finden, der mit dir übt, sondern wiegte den Kopf und sagte, dass sie es mit ihrer kaputten Stimme nicht tun könne. Früher vielleicht, aber jetzt nicht mehr. Es war wie bei allen, die ich fragte, sie wichen mir aus. Ich hatte das Gefühl, sie scheuten sich, Verantwortung für mich zu übernehmen. Dieses Mal saß ich es aus. Ich blieb so lange sitzen, bis Jane endlich sagte, ich solle morgen wiederkommen, sie hätte da eine Idee.

Am nächsten Morgen wurde ich ins »Heiligste« gelassen, ins Wohnzimmer. Inmitten der dunklen alten Möbel, verstaubten Bücher und Tierskulpturen fühlte ich mich wie in einem Antiquitätenladen. Eine Stehlampe mit gefächertem Schirm gab nur spärliches Licht. Ich spürte sofort, dies war ein Ort zum Bücherschreiben. Jane hatte einen jungen Mann aus Brooklyn zu Hilfe geholt, einen Studenten, der selbst schrieb. Ehrfürchtig und mit schöner Stimme las er mir meinen Text vor, und ich war so berauscht, dass ich nicht merkte, dass die Anzeige an meinem Aufnahmegerät zu blinken begann. Das Band hatte sich verfangen. Das war mir während meiner vielen Jahre beim Rundfunk noch nie passiert. Ich reparierte es, und wir begannen von vorn. Nach zwei Stunden hatte ich endlich meinen Text auf Band.

Am nächsten Morgen begann ich zu üben. *The new boy with the big ears stood in the cool neon light ...* Kaum hatte ich die ersten Sätze fehlerfrei aufgesagt, stand ich schon wieder auf und ging mir, auf der Suche nach Ablenkung, in der Küche einen Kaffee holen. Meine Vermieterin saß im Morgenmantel am Tisch und beschrieb einem französischen Kunden am Telefon ein Apartment mit einem Kaufpreis von zwei Millionen Dollar. Eigentlich war sie ausgebildete Cellistin und organisierte die Nordamerika-Tourneen großer europäischer Symphonieorchester. Doch von dem Verdienst für diese Arbeit konnte sie in New York nicht leben, und so verkaufte sie rund um die Uhr Wohnungen, denn oft vergaßen die europäischen Kunden die Zeitverschiebung. Ich fragte mich, wie viel Liebe man zu dieser Stadt aufbringen musste, um zwei Millionen Dollar für ein Apartment zu bezahlen. Mein erster *Open House*-Termin war ein Schock gewesen. Aus Neugier hatte ich meine Vermieterin begleitet und statt der erwarteten Traumwohnung ein kleines Apartment betreten, in dem die Waschmaschine im Schlafzimmerschrank eingebaut war. Das sogenannte Arbeits- und Gästezimmer hatte die Größe einer Abstellkammer gehabt.

Seit meiner Kindheit richtete ich mich, wo immer ich war, in Gedanken in den Wohnungen ein, in denen ich mich gerade befand. Ein Spiel, das ich in New York sofort abbrechen musste, weil ich merkte, dass eine entscheidende Voraussetzung fehlte: die Stellfläche für die Bücherregale. Bücherregale waren in New Yorker Wohnungen, das Mary House einmal ausgenommen, nicht vorgesehen. Barbaren!, dachte ich. Dann aber sah ich sie vor mir, meine verstaubten Regale, und überlegte, welches meiner vielen Tausend Bücher ich bisher ein zweites Mal in die Hand genommen hatte. Sie standen in den Regalen wie Trophäen. Jäger schraubten sich Hirschgeweihe an die Wand, und ich stellte meine gelesenen Bücher zur Schau. Waren die hohen Mietpreise heilsam?

»Auf Biegen und Brechen« hatte sich der Thüringer Pianist in Brooklyn ein Haus gekauft. Zwar war es drei Stockwerke hoch, hatte aber in jeder Etage nur ein Zimmer. Das Haus lag zwischen zwei Handwerksbetrieben. Auf der anderen Straßenseite spannten sich Hochspannungsleitungen, und hinter hohen Stacheldrahtzäunen stand eine summende Umspannstation, nicht unbedingt ein schöner Ausblick. Aber oben auf dem Dach wäre es umso schöner, verteidigte der Erfurter seinen New Yorker Besitz, von dort aus hätte man Meerblick und könne sehen, dass die Freiheitsstatue und die Siegesgöttin am Prospect Park eine Sichtachse bildeten. Er hatte das Haus selbst renoviert, Ziegelwände abgeklopft, Balken eingezogen.

In dieser Stadt war jeder sein eigener Statiker. Oft sah ich Männer den Bauschutt in kleinen schwarzen Plastiksäcken zu ihren Autos tragen. Warum nehmen sie keine Schubkarre?, fragte ich und wurde ausgelacht. Dazu hätten sie eine Baugenehmigung gebraucht.

Wem zum Kauf und Ausbau einer Wohnung das Geld oder das handwerkliche Geschick fehlte, der musste eine Wohnung mieten. Bei den Mietpreisen ein schwieriges Unterfangen, für das es oft nur eine Lösung gab: Untervermietung. Nach und nach begriff ich, woher die Fülle der Zimmerangebote auf »Craigslists« kam: Mieter sein hieß gleichzeitig auch Vermieter sein.

Mir war das Teilen einer Wohnung immer als eine Herabwürdigung erschienen. Ich war ein gebranntes Kind, von Geburt an. Zwar lebte meine Familie in einer großzügig geschnittenen Wohnung von etwa 100 Quadratmetern, die aber nach Meinung der Wohnraumbehörde zu großzügig für uns war, sodass wir sie uns unter sozialistische Brüdern und Schwestern teilen mussten. Die Vergabestelle schweißte Mieter zusammen, die niemals freiwillig miteinander Küche und Bad geteilt hätten. Einer immer wieder bei Familienfeiern erzählten Geschichte nach musste meine Mutter mit Volkspolizeigewalt gezwungen werden, einen Untermieter in unsere Wohnung aufzunehmen. Selbst als der Mann starb, bekamen wir das Zimmer nicht wieder, und ich musste von Geburt an bis zu meinem dreizehnten Lebensjahr im Schlafzimmer meiner Eltern auf einem alten Sofa schlafen.

Seitdem erschien mir Alleinsein als Luxus. In New York gehörte das Zusammenleben zum Überleben. Doch die Idee der Wohngemeinschaft bezog sich nicht nur auf das Teilen der Miete. Das begriff ich, als meine Vermieterin mich fragte, ob ich etwas dagegen hätte, wenn sie den Fernseher in meinem Zimmer benutzen würde. Von nun an saßen wir, wenn ich abends zu Hause war, gemeinsam auf dem Sofa und sahen amerikanische Fernsehserien.

In Markkleeberg hatte ich meinen Fernseher verbannt. Als ich das amerikanische Fernsehprogramm kennenlernte, leistete ich Abbitte. Es waren Werbesendungen, die von kurzen Filmausschnitten unterbrochen wurden. Ich fragte vorsichtig, ob es auch andere Programme gebe? Daraufhin sahen wir ausschließlich Sozialdramen und Dokumentationen über das Elend in der Welt und tranken dazu Rotwein, um nicht vollständig in eine Depression zu fallen.

Meine Vermieterin hatte allen Grund, depressiv zu sein. Ein fast perfekter Wohnungsverkauf war, im wahrsten Sinne des Wortes, geplatzt. Während sie mit dem Interessenten den Vertrag durchgesprochen hatte, erschoss in der Nachbarwohnung ein unzufriedener Kunde seinen Drogendealer. Sie flehte die Polizisten im Hausflur an, den Verkauf nicht zu gefährden. Bat um Ruhe, aber bei allem Verständnis fürs Geschäft konnte selbst der diskreteste Polizist ein Mordopfer nicht geräuschlos verschwinden lassen.

Im Vergleich dazu erschien meine eigene Tragödie banal.

Das Band in meinem Aufnahmegerät war gerissen. Das ständige Spulen hatte das Material zerstört. In meiner Verzückung hatte ich während der Aufnahme nicht darauf geachtet, dass der Student, als Muttersprachler, sehr schnell gelesen hatte und es mir unmöglich war, seine Aussprache zu imitieren. Jetzt schwieg er für immer.

Ich brauchte Hilfe, deutsche Hilfe, jemanden, dessen Diktion ich verstehen konnte. Da fiel mir Heidi ein. Heidi wohnte in meiner Nähe, nur sechs Blocks entfernt. Vor zehn Jahren, als niemand einen Cent auf diese Gegend setzte, hatte sie zusammen mit ihrem Mann Tom in der 137. Straße ein Haus gekauft. Tom sah aus, wie ich mir als Kind Onkel Tom aus *Onkel Toms Hütte* vorgestellt hatte. Zehn Jahre lang hatte er das dreistöckige Haus renoviert, akribisch jede Holzverzierung restauriert, die Fußböden abgeschliffen, Bäder eingebaut und dem Haus mit seinen Händen eine Seele gegeben. Das Haus war Heidis Traum. Ein Alterssitz, in dem es keine Ruhe geben sollte. Die kleine Pension stand kurz vor der Eröffnung. Doch nicht nur die Gäste aus allen Ländern dieser Welt sollten sich hier treffen, sondern auch Leute aus der Nachbarschaft, Freunde, Verwandte. Es gab eine große Küche, in der sich alle zusammensetzen sollten und Kochen und Reden ausdrücklich erwünscht waren, denn Heidis Traum hieß auch: Beisammensein.

Heidi war sofort bereit zu helfen und las mir langsam und verständlich den Text vor. Mit dieser Aufnahme hatte ich endlich das Gefühl, ich könnte es schaffen. Ab sofort wurde Heidi meine virtuelle Mitbewohnerin. Wie andere Sport trieben, übte ich Lesen mit Heidi. *At Aunt Edeltraut's everyone cleaned their plates and emptied their cups.* Die Geschichte von der bösen Tante Edeltraut im *German Kindergarten* gefiel den Amerikanern. Geknechtete Kinder in Rüschenschürzen und Strumpfhosen bedienten das Klischee. Jedes Jahr zu Halloween verkleidete sich meine Vermieterin mit einem deutschen Dirndlkleid und zog so zum Schrecken aller Anwohner durch die Harlemer Clubs. Wenn Tante Edeltraut die Kinder zwang, ihre Tassen auszutrinken, goss ich lauwarme Milch auf die amerikanischen Mühlen. *Red plastic cups filled to the brim with a mix of warm milk and allegedly healthy buckthorn berry juice.* Der gesunde Sanddornsaft war meine Glanzleistung. Ich stand vor dem Spiegel, sah mir in die Augen und sagte mit einem Lächeln: *allegedly healthy buckthorn berry juice.*

An meinem letzten Sonntag traute ich mich zur Morgenmesse in der kleinen Baptistenkirche am Ende meiner Straße. Ich hoffte, dass ich nach zwei Monaten aus meinem Touristendasein entlassen war und als »Nachbarin« erkannt wurde. Ich war enttäuscht, als mir der Weg nach oben auf die Empore gewiesen wurde und ich mich zu einer Reisegruppe setzen musste, die eine »Messe« gebucht hatte. Unter mir wogte die Gemeinde. Frauen in ihren bunten, leuchtenden Sonntagskleidern. Ich sah auf wallende Seidenschals und wagenradgroße Hüte. Viele der älteren Frauen trugen weiße Kleider, die sich wunderbar von ihrer dunklen Haut absetzten. Und plötzlich wusste ich, warum ich auf der Empore saß. Ich war weiß. Ich hatte es nach sieben Wochen in Harlem vergessen.

Drei Stunden wurde unter mir gebetet, gesungen, getanzt. Hier saß niemand mit gefalteten Händen in seiner Kirchenbank. Viele schwenkten die Arme und schrien heraus, was sie dachten. Der Pfarrer redete sich in Rage, pries Obama, warnte vor dem Teufel, seine Stimme wurde immer lauter und immer höher, er vergaß, Luft zu holen, drohte zu kollabieren, und als ich dachte, gleich müsse die Feuerwehr kommen, setzte das

136

Keyboard ein und erlöste die Gemeinde. Amen! Amen! Es war wie eine Reinigung. Am Ende saß ich glücklich und allein auf der Empore, bereit für alles, was nun kommen würde.

Am Morgen des 9. November bekam ich eine E-Mail vom Goethe-Institut: *Happy Mauerfall*. Es war der Tag X, der Tag, an dem ich Paul Auster treffen würde. Über meine Lesung am nächsten Tag machte ich mir keine Gedanken mehr. Ich war perfekt und sprach meinen Text mit Heidis Stimme.

Ich zelebrierte meinen Gang zur Bohemia-Halle. Als ich durch die Straßen lief, spürte ich eine trügerische Vertrautheit. Zwar war ich mir bewusst, dass ich nur die erste Schicht von einer Frucht gepellt hatte. Trotzdem fühlte ich mich, als wäre ich auf dem Weg zu einem Sieg.

Ich kam zu früh, viel zu früh. Eine halbe Stunde vor Beginn war ich die Erste. Sie kommen aus Deutschland?, fragte die Frau an der Rezeption. Ich setzte mich im Foyer auf einen wackeligen roten Plastiksessel. Kurz darauf kam eine Frau mit Stock, die sich wahrscheinlich wegen ihrer Gehbehinderung in der Ankunftszeit verschätzt hatte. Sie setzte sich neben mich. Es war eine Französin, die schon seit dreißig Jahren in der Stadt lebte und die, wie ich zufrieden feststellte, einen sehr starken Akzent hatte. Er verleitete mich zu einem Gespräch mit ihr. Innerhalb weniger Minuten wusste ich, dass sie eine Psychoanalytikerin war und Multiple Sklerose hatte.

Nach und nach kamen andere Gäste. Neben mir saß ein Verleger, der einem Kollegen überschwänglich von seinen Autoren berichtete. Sie kennen dieses Buch nicht? Es ist: großartig! Alle seine Bücher waren »wunderbar«, »fantastisch«, »überragend«. Er schien der Verleger der talentiertesten Autoren der Welt zu sein, und ich wünschte mir, dass er eines Tages auch von mir sprechen würde. In diesem Moment rutschte der Französin der Stock zu Boden. Ich wollte höflich sein und bückte mich, ohne aufzustehen, zur Seite. Es war ein Fehler. Ich hatte die Standfestigkeit des Sessels überschätzt. Für den Bruchteil einer Sekunde hielt ich noch die Balance, dann stürzte ich samt Sessel meinem Traumverleger vor die Füße. Er half mir auf und erkundigte sich, statt nach meinem literarischen Werk, nach meiner Gesundheit.

Der Raum, in dem das Abendessen stattfinden sollte, lag noch im Halbdunkel. Ich war noch nie zu einem 500-Dollar-Dinner geladen gewesen. Um hungrig genug zu sein, hatte ich am Mittag nur ein Sandwich gegessen. Vorerst gab es Wein an einer Bar im Nebenraum. Ein Kellner verteilte Canapés, die jedoch nie in meine Nähe gelangten, weil alle anderen schneller waren als ich oder mir den Weg versperrten.

Die gehbehinderte Psychoanalytikerin war damit beschäftigt, den Tabletts mit den Häppchen hinterherzujagen, und bahnte sich mit ihrem Stock den Weg. Leichtsinnig begnügte ich mich mit meinem Wein.

Und dann kam ER. Genutzte Gelegenheiten sind genauso Bestandteil des Lebens wie verpasste Gelegenheiten, dachte ich und stellte mich Paul Auster. Gleich würde ich ihm sagen, dass ich seine Bücher schon immer gemocht hatte, und behaupten, die Mauer wäre nur gefallen, damit ich jetzt hier neben ihm stehen konnte.

Ich suchte noch nach passenden Worten, als ich die französische Psychoanalytikerin straucheln sah. Es gelang mir, nach ihrem Arm zu greifen und sie zu stützen. Warum hatte ich sie nicht einfach mit ihrem erbeuteten Häppchen auf den Boden fallen lassen? Warum musste ich ausgerechnet in diesem Moment mein Helfersyndrom ausleben?

Als ich meine selbst gewählte Schutzbefohlene auf einen Stuhl gesetzt hatte, war Paul Auster verschwunden. Wütend über mich selbst, holte ich mir an der Bar ein neues Glas Wein. Meine Artikulationsfähigkeit sank mit jedem Schluck, den ich auf nüchternen Magen trank. Hätte ich gewusst, dass für den Aperitif zwei Stunden eingeplant waren, wäre ich später gekommen.

Ich war erleichtert, als wir uns in den Saal setzen durften. Endlich würde ich etwas essen und mich erholen können. Es begann mit einer Runde Wodka. Auf jedem Tisch stand ein Eiskübel mit einer von der Bohemia-Halle gestifteten Flasche, die, durch die Anzahl der Tischnachbarn geteilt, für jeden drei Doppelte ergab. Sitzend fühlte ich mich stark. Dann kam die Suppe. Brav löffelte ich die Hühnerbrühe und war dankbar für jedes Stück Weißbrot, das mir gereicht wurde. Dann tranken wir Weißwein. Der Hauptgang bestand aus Nudeln und Huhn. Die Portion war überschaubar und als »gute Grundlage« ungeeignet. Jetzt blieb mir nur noch das Dessert. Ich wünschte mir ein fettes Tiramisu, Crème brulée oder wenigstens Mousse au Chocolat. Stattdessen kam eine neue Flasche Wein. Dann wurde der Saal abgedunkelt, und ein Spot richtete sich auf die Bühne. Zuerst las Peter Schneider, dann Siri Hustvedt. Ich begriff nicht, was sie lasen, es waren einzelne Worte, die ich in meinem Kopf nicht mehr zu einem sinnvollen Ganzen zusammensetzen konnte. Ich brauchte meine ganze Kraft, um mich auf meinem Stuhl zu halten und auf das Dessert zu warten. Je länger ich wartete, umso mehr erschien es mir als die Rettung. Paul Auster kam zusammen mit dem Dessert. Er betrat die Bühne, und gleichzeitig brachte mir der Kellner ein Tablett mit einem silbernen Schälchen und einem silbernen Kännchen. Er drehte das Tablett so, dass der Griff des silbernen Löffelchens in meine Richtung zeigte und ich nur noch zugreifen musste. Das

Dessert erschien mir fremd, in der Dunkelheit konnte ich nicht erkennen, was es war. Ausgerechnet jetzt gab es etwas Amerikanisches, das ich nicht kannte. Nach kurzem Überlegen goss ich die Soße aus dem Kännchen über die Masse in dem silbernen Schälchen. Langsam, um nicht den Eindruck von Gier zu erwecken, nahm ich das Löffelchen und kostete. Es schmeckte eklig süß, aber darauf konnte ich keine Rücksicht nehmen. Tapfer löffelte ich meinen süßen Brei und merkte, wie der Kellner mich fixierte und seine Kollegen heranwinkte. Paul Auster las, und ich löffelte, von allen Kellnern beobachtet, mein Dessert. Dann kam der Kaffee.

Mit einer mehrfachen Entschuldigung entriss mir der Kellner meine leer gegessene Zuckerdose und brachte mir ein neues Tablett. Ich tat, als wäre es in meinem Land üblich, die Kaffeesahne in die Zuckerdose zu gießen.

Meine Tischnachbarn fragten mich, ob sie mich mit ihrem Auto nach Hause bringen dürften. Wir fuhren durch die nächtliche Stadt. Ich sah die Lichter, die Menschen auf den Straßen, und mir fiel ein, dass meine Freunde im *Planet one* auf mich warteten.

Als ich die Tür öffnete, schlug mir Geschrei entgegen: *Happy Mauerfall!* Der ganze Raum war mit bunten Luftballons und Girlanden geschmückt. Es war immer noch der 9. November, und es war meine Party. Alle standen auf, umarmten mich und wollten mit mir anstoßen. Jemand fragte, ob ich Paul Auster getroffen hätte. Fast, sagte ich.

Auf dem Bildschirm, der in einer Verankerung unter der Decke hing, lief ein Dokumentarfilm über den 9. Oktober 1989. Großzügig hatte die Deutsche Botschaft die DVD auf einem Empfang verteilt. Ich sah Leute sprechen, die ich seit vielen Jahren kannte, ich sah Bilder von Leipzig, den Hauptbahnhof, die Reformierte Kirche, das Warenhaus Konsument. Ich sah in die Gesichter der Demonstranten und hörte die »Wir sind ein Volk«-Rufe.

Neben mir am Tisch saß eine Frau, die einen Dackel auf dem Schoß hielt, ein zartes Tier mit spitzem Kopf.

Wie heißt der Hund?, fragte ich.

Waldtraut.

Jetzt war ich vollends verrückt geworden. Waldtraut sah mich mit wissenden Augen an. Ich beugte mich zu ihr und erzählte ihr leise in ihre großen Dackelohren, was mir alles widerfahren war. Dann küsste ich sie auf die Stirn.

Als ich am nächsten Morgen erwachte, blickte ich von meinem Bett aus auf das Empire State Building. Alles Einbildung!, dachte ich. Paul Auster, die Zuckerdose, der Dackel Waldtraut, das Empire State Building. Als ich es nach einer halben Stunde immer noch sah, stand ich auf.

Ich befand mich tatsächlich in East Village in Annettes Wohnung und hatte am Abend meine erste große Lesung *downtown* in New York. Ich fragte Annette, ob ich ihr noch einmal meinen Text vorlesen könnte. Mittlerweile konnte ich ihn aufsagen wie ein Gedicht.

Kaum dass ich begonnen hatte, schrie sie: Halt!, und verbesserte mich.

Ich war überrascht. Aber Heidi sagt das so.

Ja, Heidi, sagte Annette, Heidi sagt auch nicht immer alles richtig.

Die *Idlewild*-Buchhandlung war überfüllt. Alle verfügbaren Stühle waren aufgestellt worden, trotzdem hatten viele Zuhörer keinen Platz gefunden. Sie lehnten an den Bücherregalen oder saßen auf dem Boden im Gang und vor der Bühne. Ich erkannte einige Gesichter, die ich am Vorabend gesehen hatte. Wahrscheinlich wollten sie sehen, was ich heute anstellte. Mein Fauxpas hatte sich in eine Werbeaktion gewandelt.

Wir waren ein Trio. Anna aus Polen und Dan aus Rumänien hätten meine Kinder sein können. Sie waren die »Nachgeborenen«, die »Generation 2000«, die nach vorn blickte. Und doch waren sie »gezeichnet« von den Biografien ihrer Eltern. Sie befreiten sich schreibend von dieser Bürde. Dan Sociu mit Ironie, Dorota Masłowska mit bissiger Traurigkeit. Ich las mit der »Stimme von Heidi« meinen Text über Tante Edeltraut, bei der gegessen und getrunken werden musste, was auf den Tisch kam. Unter dem Publikum waren viele Osteuropäer, die mich anlächelten, und ich hatte das Gefühl, dass sie diese Erfahrungen mit mir teilten. *The Wall in my Head* war das Motto des Abends, und ich empfand es als großes Glück, dass in unseren Köpfen keine Mauern, sondern Geschichten geblieben waren.

Nach der Lesung kamen einige Zuhörer, dankten mir und umarmten mich. Auch meine Freunde waren alle gekommen, und wir lachten über meine Heidi-Fehler. Hieß es nun »Busm« oder »Basm«? Die beiden Eigentümer der Buchhandlung servierten Wein und Tapas. Später zogen wir weiter in einen Pub. Wir, das war eine bunte Mischung, Menschen aus verschiedenen Berufen und Ländern, ein Akkordeonspieler, ein *Times*-Korrespondent, eine Dozentin für kreatives Schreiben, eine Immobilienmaklerin. Wir versuchten uns zu unterhalten, doch lange Gespräche waren unmöglich. Es war, wie überall in New York, so laut, dass man schreien musste. Ich trank ein schlecht gezapftes Guinness und spürte, wie alles von mir abfiel. Das war New York.

Mein Rückflug ging am späten Abend. Mit zwei Rollenkoffern und einem Rucksack schleppte ich mich in die Eingangshalle. Das Neonlicht war kalt und hell. Plötzlich war ich allein, so wie ich angekommen war, zurückgefallen in die Ausgangsposition. Ich stand wieder auf »Los«.

Ich suchte den Schalter, an dem ich einchecken konnte, und fand nur einen Computer. Per Touchscreen suchte ich nach meinem Flug, gab die Daten ein, scannte eigenhändig meinen Pass, druckte die Gepäckstreifen aus, klebte sie um meine Koffergriffe und stellte die Koffer auf das Rollband. Ich blickte ihnen hinterher, mit der Gewissheit, dass ich sie nie wiedersehen würde. Ich trottete durch die leere Halle. Um nicht allein zu sein, ging ich in einen Laden und verlangte nach einem Yankee-Shirt für meine Tochter. Ich verwickelte den Verkäufer in ein Gespräch über Konfektionsgrößen, und er durchwühlte alle seine Stapel, doch Yankee-Shirts gab es nur für Männer. Ich konnte zwischen kleiner dicker Mann und großer dünner Mann wählen. Ich zählte meine Dollars und nahm beide. Von den letzten fünf Dollars kaufte ich mir einen Kaffee.

Coffee-to-go-to-the-gate. Ich war eine Nummer auf dem Timetable, eine Gate-Nummer, eine Nummer auf der Bordkarte. Wir standen eine Stunde auf der Startbahn und bekamen keine Freigabe. Es war ein Computerfehler. In dieser langen Stunde hatte ich Zeit, traurig zu werden. In der DDR waren die Abschiede oft für immer gewesen. Nie hatte ich gewusst, ob ich im nächsten Jahr diese oder jene Grenze wieder überqueren könnte. Nur im Niemandsland zwischen den beiden Grenzkontrollen war ich frei gewesen. Ich konnte dieses Gefühl nicht ablegen, es verfolgte mich noch immer, bei jeder Reise.

Jetzt sitze ich wieder in Markkleeberg an meinem Schreibtisch. Alles ist wie immer. Nichts hat sich verändert. Ich habe nicht einmal einen Jetlag. Und mich beschleicht das Gefühl, dass ich vielleicht doch hierhergehöre.

# KÖNIGREICH MARKKLEEBERG

Das Kosovo beginnt zwei S-Bahn-Haltestellen hinter dem Münchner Hauptbahnhof auf einem von Büschen gesäumten Sandplatz. Hin und wieder fährt ein überladener Pkw auf den Platz. Begleitet von lauten Rufen, wird das Gepäck ausgeladen; es gibt einen tränenreichen Abschied, dann fährt das Auto, eine Staubfahne hinter sich herziehend, davon. Zurück bleiben eine Familie und ein Berg Koffer. Schnell kehrt wieder Ruhe ein. Scheinbar. Ich spüre die unterdrückte Aufregung.

Nähert sich ein Bus, rennen ihm alle entgegen. Es gibt an den Bussen keinen Hinweis auf das Fahrziel. Es gibt keine Fahrplanaushänge, keine Haltestellenschilder und erst recht kein Wartehäuschen.

Das Gerücht macht die Runde, der Bus unseres Unternehmens sei auf der Rückfahrt von Pristina wegen technischer Mängel beschlagnahmt worden. Wir sollen versuchen, in einem anderen Bus unterzukommen. Wann er abfährt? Wo er abfährt? Schulterzucken.

Passend zur Stimmung zieht ein Gewitter auf. In der Ferne beginnt es zu donnern. Wir sehen uns um, suchen nach einem Ort zum Unterstellen, doch es gibt nur die Büsche und ein verschlossenes Dixiklo. Wir warten, laufen auf und ab. Wir, das sind die Familie Bajrami, ein befreundeter Hörfunkjournalist und ich. Sieben Markkleeberger, die auf einen Bus nach Pristina warten.

Als die ersten Tropfen fallen, biegt ein Bus auf den Platz ein. »Der fährt nach Pristina!«, schreit jemand, und wir greifen unsere Taschen und rennen los.

Emine und ich steigen an der hinteren Tür ein. Wir sind die schnell handelnden Frauen. Während die Männer noch den Fahrer fragen, ob wir mitfahren dürfen, und abgewiesen werden, haben wir schon sieben Plätze belegt. Das Gewitter ist unsere Rettung. Es gießt, in Bächen läuft das Regenwasser am Bus hinunter, sodass der Fahrer die Türen schließen muss. Der Sandplatz ist plötzlich leer, das Wasser sammelt sich in den Bodensenken zu riesigen Pfützen. Der Bus steht mit laufendem Motor. Endlich das erlösende Geräusch, der Fahrer legt den Gang ein. Zu beiden Seiten des Busses steigen Wasserfontänen auf, während wir den Platz verlassen und eine befestigte Münchner Straße erreichen.

Die Geschichte dieser Reise beginnt Jahre zuvor, am 3. März 2004 kurz nach 21 Uhr in Markkleeberg.

Im Gartenhaus der Familie Bajrami ist es ruhig an diesem Abend. Die beiden kleineren Kinder liegen im Bett, die großen Söhne, die Eltern und Tochter Emine sitzen im Wohnzimmer. Plötzlich leuchtet Blaulicht durch die Scheibe der Balkontür. Acht Mannschaftswagen der Polizei haben das Haus umstellt.

Es klingelt. Alle haben Angst. Die Brüder flüchten in die obere Etage zu den beiden kleinen Geschwistern. Die fünfzehnjährige Emine fasst sich als Erste, rennt zum Telefon und ruft die Betreuerin der Caritas an. Weinend schreit sie in den Hörer: »Die Polizei ist bei uns!«

Inzwischen brechen Polizisten die Haustür auf. Emine versucht sich zu verstecken. Sie hört ihren Vater schreien, sieht, wie ihre beiden Brüder die Treppe heruntergeschleift werden. Agim wehrt sich, greift nach seinem Handy, will den Anwalt anrufen, doch ein Polizist reißt es ihm aus der Hand und wirft es weg. Die beiden großen Söhne, Agim und Buletin, werden im Wohnzimmer auf den Boden geworfen und mit Plastikhandschellen gefesselt.

Auf dem Gehweg vor dem Haus versammeln sich die Nachbarn. Immer mehr kommen hinzu, Schulkameraden der Kinder, Lehrer, die beiden Hausärzte, Sportfreunde, der Pfarrer der nahe gelegenen Kirche, die Betreuerin der Caritas und auch der Anwalt der Familie. Sie alle stehen in der Kälte und schweigen. Sie finden keine Worte für das, was sie sehen.

Die Haustür steht offen, bei minus drei Grad. Polizisten gehen ein und aus. Ein Mannschaftswagen versperrt mit laufendem Motor die Einfahrt zum Hof. Einige Nachbarn weinen. Ein Kameramann versucht, die Vorgänge in der Dunkelheit festzuhalten. »Wie Diebe bei Nacht und Nebel werden sie abgeholt«, sagt eine Frau in die Kamera. »Ich schäme mich für Deutschland!« Dann herrscht wieder Schweigen.

Noch immer liegen die beiden Jungen gefesselt im Wohnzimmer auf dem Boden. »Wir wurden wie der letzte Dreck behandelt. Im Wohnzimmer war unsere Heizung auf drei gedreht. Die Polizisten sagten zu mir: Bald wirst du nicht mehr die Möglichkeit haben, die Heizung aufzudrehen, denn jetzt wirst du im Kosovo in deinem Zelt erfrieren, Penner! Bei allem, was sie im Wohnzimmer sahen, fragten sie: Habt ihr das geklaut?«

Die Mutter weint und kann sich nicht beruhigen. Sie leidet als Folge der Flucht seit Jahren an einem Kriegstrauma. Sie zittert, ihr ist schwindlig. Die Polizisten weisen sie an, Koffer zu packen, doch sie ist nicht in der Lage, die Treppe nach oben zu steigen. Zwei Polizisten tragen sie zum »Sachenpacken« in die erste Etage. Was soll sie mitnehmen nach elf Jahren Asyl in Deutschland? Ein Gepäckstück pro Person ist erlaubt, zwanzig Kilogramm, so als würde die Familie auf eine vierzehntägige Pauschalreise gehen.

Vor elf Jahren sind sie aus dem Kosovo geflohen. Der Vater, ein ausgebildeter Automechaniker, durfte nicht mehr in seinem Beruf arbeiten. Dann verlor er wegen seiner albanischen Herkunft auch noch seine Hilfsarbeiterstelle in einer Fabrik. Den Kindern wurde eine weiterführende Schulbildung verweigert und nur eingeschränkte ärztliche Versorgung gewährt. Zunehmend fühlte sich die Familie durch die serbische Polizei bedroht. Aus Angst um das Leben ihrer Kinder entschließen sich die Eltern zur Flucht. Zu diesem Zeitpunkt ist Emine vier Jahre alt, Agim neun, Buletin acht, Selatin fünf und Liridona noch ein Säugling.

Zuerst werden sie von der Ausländerbehörde nach Chemnitz geschickt, dann nach Markkleeberg. Fünf Jahre leben sie in einer Bauwagensiedlung, direkt neben einer Fernverkehrsstraße. Sie haben nur einen Raum, müssen die Küche und die Waschräume mit vielen Asylbewerbern teilen. Dann endlich, als der jüngste Sohn Hacif geboren wird, bekommt die achtköpfige Familie zwei Zimmer in einem ehemaligen Internat.

Die Familie fällt auf. Positiv. Die Kinder sind gut erzogen. Zufällig beobachtet ein Fußballtrainer einen der Jungen im Schwimmbad beim Fußballspielen. Er empfiehlt ihn dem Markkleeberger Verein. In Markkleeberg gründet sich eine Bürgerinitiative, die der Familie helfen will. Ein Anwalt kämpft für das Bleiberecht. Und es ist wie der Beginn eines Märchens, als der Markkleeberger Trainer der Familie sein Gartenhaus zur Miete anbietet. Endlich haben sie ein Zuhause gefunden. Die Eltern bemühen sich um Arbeit. Sie wollen nicht von Sozialhilfe leben, sondern für sich selbst sorgen. Das ist schwierig. Nach dem Nachrangigkeitsprinzip darf der Vater nur eine Stelle annehmen, an der weder ein »deutscher Arbeitnehmer« noch ein EU-Ausländer Interesse zeigt. Außerdem gibt es noch eine »Negativliste«, die viele Berufsgruppen ausschließt. Als der Vater endlich einen Arbeitsplatz in einer Geflügelschlachterei in Mockrena findet, liegt diese im falschen Regierungsbezirk. Das Landratsamt lehnt das Gesuch mit der Begründung ab: Es könne Fluchtgefahr bestehen. Fluchtgefahr von Markkleeberg in das eine Autostunde entfernt liegende Mockrena.

Die Kinder gehen zur Schule und bereiten sich auf ihre Prüfungen vor. Agim steht kurz vor dem Realschulabschluss und möchte danach in einen Abiturkurs auf die Abendschule wechseln. Selatin, der junge Fußballer, spielt in der Zwischenzeit in der A-Jugend des VFB Leipzig. Er gilt als großes Talent und träumt von einer Karriere in der Bundesliga.

Dieser Traum wird in der Nacht des 3. März 2004 für immer zerstört. Als Selatin vom Training kommt, sieht er die Polizeiabsperrung vorm Haus und flüchtet zu einem Freund.

Die Polizisten im Haus bemerken, dass ein Kind fehlt. Wird die Abschiebung dadurch ausgesetzt? Bei den Nachbarn auf der Straße kommt Hoffnung auf. Doch die Polizeibeamten beschließen die Trennung der Familie. Der Vater und die fünf Kinder sollen noch in der Nacht nach Düsseldorf zum Flughafen gebracht werden. Die Mutter wird folgen, sobald der vermisste Sohn gefunden ist.

Plötzlich öffnet sich am Giebel des Hauses das Badezimmerfenster. Der zwanzigjährige Agim steckt seinen Kopf heraus und ruft verzweifelt: »Helft uns! Helft uns!« Er wirkt benommen, es heißt, er habe eine Spritze bekommen.

Der Kameramann filmt die Szene. Die Polizisten, die das Grundstück umstellt haben, vermeiden es, die vor dem Zaun wartenden Markkleeberger anzusehen. Ein junger Mann bringt Kerzen, eine nach der anderen leuchtet auf. Die Hilflosigkeit ist bedrückend.

Ein Krankenwagen fährt vor. Ein Arzt und zwei Rettungssanitäter werden in das Haus gelassen. Dann wird der Vater in den Krankenwagen getragen. In seiner Not schreit er die Namen seiner ältesten Söhne.

»Keine Angst!«, ruft ihm die Betreuerin der Caritas zu. »Keine Angst! Wir sind hier!«

Durch die Scheibe des Krankenwagens ist zu erkennen, wie sich die Notärzte um Ekrim Bajrami kümmern. Er hat vor Aufregung einen Herzanfall erlitten. Dann wird das Licht abgedunkelt, und der Wagen fährt langsam davon.

Während der Vater in ein Krankenhaus gebracht wird und die Mutter ebenfalls ärztlich versorgt werden muss, teilen die Polizeibeamten dem Anwalt auf Nachfrage mit, dass die drei ältesten Kinder – der zwanzigjährige Agim, der neunzehnjährige Buletin und die fünfzehnjährige Emine – allein nach Pristina »reisen« werden.

»Man hat meine Schwester, Buletin und mich in einen Bus gebracht. Der Weg wurde blockiert von den Nachbarn, die alle da draußen waren, auch Freunde vom Fußball. Wir durften nicht einmal laufen. Sie haben jeden einzeln zum Bus geschleppt. Ich habe geweint, und die haben noch Witze gerissen. Wir wussten, dass Vati im Krankenhaus war, und wir wussten nicht, wie es ihm geht. Wir haben den Arzt gefragt, der hat nichts gesagt. Die haben sich einfach weiter unterhalten.«

Die beiden Jungen werden gefesselt zum Auto getragen, die Nachbarn stellen sich der Polizei in den Weg. Als die fünfzehnjährige Emine gebracht wird, bricht Tumult aus. »Das ist ein Mädchen! Ohne Eltern! Ein minderjähriges Kind ohne Eltern darf nicht abgeschoben werden!« Doch die Polizisten lassen sich nicht beirren. Sie wechseln blitzschnell die Taktik und bringen die drei Jugendlichen zur Rückseite des Grundstücks. Dort sind unbemerkt weitere Autos vorgefahren. Die Nachbarn haben keine Chance, den Konvoi aufzuhalten.

Es ist zwei Uhr nachts, als der Anwalt endlich in das Haus darf. Alles ist verwüstet, die eingetretene Haustür ist nicht mehr zu verschließen. Im Mülleimer findet der Anwalt die beiden Kanülen der Beruhigungsspritzen. Freunde nehmen die Mutter und die beiden kleinen Kinder bei sich auf. Von Selatin, dem Fußballer, gibt es noch immer keine Spur.

Währenddessen werden Agim, Buletin und die fünfzehnjährige Emine in Einzelkabinen unter Bewachung zum Düsseldorfer Flughafen gefahren. »Es war sehr kalt im Bus, die Autoheizung war kaputt. Wir konnten unseren Körper von der Hüfte bis zu den Zehen nicht spüren. Wir haben auch innerlich gefroren. Wir konnten nicht schlafen, waren aber so müde. Aber vielleicht lag es auch an den Spritzen, man konnte nicht klar denken.«

Am anderen Morgen, wenige Stunden nach dem Polizeieinsatz, treffen sich die Mitglieder des Bürgervereins Markkleeberg. Sie schreiben Briefe, schicken Faxe an die zuständigen Instanzen im sächsischen Innenministerium, sie wollen erreichen, dass zumindest die Abschiebung der minderjährigen Emine rückgängig gemacht wird.

In der Zwischenzeit sind die drei Jugendlichen am Düsseldorfer Flughafen angekommen. Sie werden kontrolliert, ob sie Rasierklingen oder Messer bei sich haben. Es soll verhindert werden, dass sie vor der Abschiebung Selbstmord begehen. Dann werden sie in die Abflughalle gebracht.

»Man nahm uns mit Gewalt. Ich wollte nicht in diesen Raum gebracht werden, bevor ich mit unserem Rechtsanwalt gesprochen habe. Daraufhin schlugen sie mich auf den Hinterkopf, auf Rücken und Beine. Man drehte mir die Arme um und fesselte mir die Hände. Ich bat sie, die Fesseln zu lockern, weil mir meine Hände wehtaten. Sie haben nur gelacht und gesagt, ich solle mein Land aufbauen, Deutschland hätte genug Ausländer. Ich wäre ein Arschloch, ein dummer Junge.«

Aus Dresden signalisiert der Ausländerbeauftragte im Ministerium Hoffnung. Der Rechtsanwalt Stefan Costabel erreicht eine vorläufige Aufhebung der Abschiebungsanordnung für Emine und faxt die Papiere an die zuständige Behörde im Düsseldorfer Flughafen. Es ist ein Wettlauf mit der Zeit. Ein Mitarbeiter der Caritas sucht in der Abfertigungshalle nach den drei Jugendlichen.

Zufällig hört Emine, wie ein Flughafenangestellter sagt: »Das Fax für Bajrami ist da.« Sie dringt darauf, das Fax zu sehen. Eher unwillig nehmen die Bundesgrenzschutzbeamten zur Kenntnis, dass Emine zurück nach Markkleeberg geschickt werden soll. Es ist ein Fluggast weniger.

Den Transport in den Kosovo übernimmt die Air Bosnia, eine Fluggesellschaft, deren Maschinen wegen technischer Mängel in Europa nicht zugelassen sind. Normalerweise. Zum

Zweck der Abschiebung dürfen sie in der Bundesrepublik starten und landen.

Während Emine von Düsseldorf zurück nach Markkleeberg gefahren wird, um dort mit ihren Eltern und den kleinen Geschwistern auf die erneute Abschiebung zu warten, werden ihre beiden Brüder zum Flugzeug gebracht.

»Ich wollte das Land nicht freiwillig verlassen. Ich habe mich gewehrt, ich wollte nicht weg. Ich liebe dieses Land so sehr, Deutschland. Zwei hielten meine Beine, zwei meine Arme und die anderen meinen Kopf und Rücken. Sie schlugen auf mich ein, zeigten mir den Stinkefinger und ließen mir die Hände fest geschnürt. Die Leute, die für Sicherheit im Flugzeug verantwortlich waren, entfesselten mir die Hände. Sie fragten mich, wie lange ich im Knast gesessen hätte, als sie meine Hände und mein Gesicht gesehen haben.«

Im Gegensatz zu seinem Bruder wehrt sich der ein Jahr jüngere Buletin kaum. Er wirkt bei der Ankunft in Pristina in sich gekehrt, fast apathisch. »Ich habe geheult. Für mich war alles fremd. Die Leute, die Umgebung, das Land, alles. Ich wusste gar nicht, wo ich bin, was mich hier erwartet. Man hat gesagt, man organisiert was im Flughafen. Nichts. Man hat mich rausgeschmissen am Flughafen, und keiner hat sich gekümmert. Keiner hat gefragt, wer ich bin, wohin ich gehe. Niemand. Für mich war alles Fremdland.«

Für das »Fremdland« sind die deutschen Behörden nicht mehr zuständig. Mit Verlassen des Flugzeugs endet ihre Verantwortlichkeit für die Abgeschobenen. Jeder mit einer Reisetasche, in der sich fast nur Sportsachen befinden, werden die beiden Jungen in Pristina ausgesetzt. Sie betreten ein Land, das sie elf Jahre zuvor als Grundschüler verlassen haben. Erinnern können sie sich kaum. Auch die Sprache ist ihnen fremd geworden. Sie haben keinen einzigen Cent in der Tasche. Auf dem Düsseldorfer Flughafen hatte man Agim verwehrt, mit seiner EC-Karte Geld von seinem Konto abzuheben.

Agim und Buletin verlassen das Flugzeug, ohne zu wissen, wohin sie gehen sollen. Dann sehen sie in der Flughafenhalle ein Schild mit ihren Namen. Die Markkleeberger haben Hilfe geschickt.

Bereits am ersten Tag nach Agims und Buletins Abschiebung unterschreiben siebenhundert Einwohner Markkleebergs eine Petition an den sächsischen Innenminister. Sie werden unterstützt vom Oberbürgermeister und der Landrätin. Schulkinder schicken einen Brief an den Bundespräsidenten und erreichen, dass er die Landesregierung auffordert, die Entscheidung zu prüfen.

Der Anwalt Stefan Costabel arbeitet weiterhin ohne Honorar für die Familie. In einer Dienstaufsichtsbeschwerde fordert er Konsequenzen für das Verhalten der Polizei, vor allem wegen der gegen den Willen der Jugendlichen verabreichten Beruhigungsspritzen.

Auf dem Sportplatz in Markkleeberg treffen sich die Mitglieder der Bürgerinitiative, Sportkameraden, Schulfreunde der Kinder, Gemeindemitglieder, zu einer Kundgebung. Noch sind alle voll naiver Hoffnung, ihr Protest könnte die Entscheidung der Behörde beeinflussen. Sie kämpfen für die Rückkehr der beiden Jungen und für das Bleiberecht der Familie. Nach der Entlassung des Vaters aus dem Krankhaus haben die Bajramis in einer Leipziger Kirchengemeinde um Asyl gebeten. Aus Angst, von der Straße weg verhaftet und abgeschoben zu werden, wagen sie es nicht, die Kirchenwohnung zu verlassen. Zweieinhalb Jahre lang. Während dieser langen Zeit unterstützen die Markkleeberger die beiden Jungen im Kosovo und die Familie im Kirchenasyl. Mit Geld, Lebensmitteln, kostenlosem Schulunterricht und, was nicht zu unterschätzen ist, mit Zuwendung. Nach dreißig endlosen Monaten dürfen die Bajramis wieder in ihr Gartenhaus ziehen. Den Eltern wird erlaubt, eine Arbeitsstelle anzunehmen, und die Kinder können ihre Ausbildung fortsetzen.

Nur Agim und Buletin sind noch immer in Pristina.

*Der Fall Bajrami,* wie ich mein Radio-Feature über die Abschiebung genannt habe, hat auch mich über all die Jahre nicht losgelassen. Die beiden Jungen sind nur wenige Jahre älter als meine Tochter. Und so beschließe ich im Juli 2007, gemeinsam mit einem Kollegen, die Eltern und die Kinder Emine, Liridona und Hacif bei ihrem Besuch in Pristina zu begleiten. Es ist das erste Mal seit der Abschiebenacht, dass die Familie wieder beisammen sein wird. Nur Selatin fehlt, weil er sein Trainingslager nicht unterbrechen kann.

Während wir durch München fahren, geht der Beifahrer durch die Reihen und kontrolliert die Ausweise. Um uns herum sehen wir nur die blauen, von der UN-Verwaltung ausgestellten UNMIC-Pässe. Überrascht greift der Busfahrer nach unseren beiden deutschen Pässen. Er blättert lange darin, als vermutete er eine Fälschung. Der junge Mann vor uns sagt entschuldigend: »Es ist, als wären Außerirdische an Bord.«

Kurz hinter München halten wir an einer Tankstelle. Eine Frau und zwei Kinder müssen wieder aussteigen. Ihre Papiere sind ungültig.

Wir fahren durch die Nacht. Im Bus ist es eng. Die Sitzabstände sind gering. Wenn etwas herunterfällt, muss der Nachbar aufstehen, damit man es aufheben kann. Auf den Monitoren, die unter der Decke angebracht sind, laufen Unterhaltungssendungen in Endlosschleife. »Ein Kessel Buntes« auf Albanisch.

Ich versuche zu schlafen, doch ich bin zu aufgeregt. Alle um mich herum sind aufgeregt. Die mitgebrachten Vorräte werden ausgepackt und wieder eingepackt. Ständig werde ich gefragt, ob ich Hunger habe, alle sind besorgt um mich.

Wenn wir uns einer Grenze nähern, steigt die Nervosität. Es ist ein Spiel. Ein Beamter geht durch den Bus, zeigt mit dem Finger auf eine Person, sammelt wahllos Pässe ein, mit denen er den Bus verlässt. Draußen wartet der Busfahrer. Mit zwischen die Passagierliste gelegten Scheinen kauft er die Pässe zurück. Dafür bleiben auch die Gepäckklappen geschlossen.

Vor der serbischen Grenze werden wir vom Busfahrer verwarnt: nicht zu fluchen, nicht zu lachen, keine Grimassen zu schneiden. Ein falsches Wort, und allen im Bus würde die Einreise verweigert. Für uns werden die Ansagen extra ins Deutsche übersetzt. Wir lachen über die Vorschriften, doch als der serbische Grenzbeamte einsteigt, spüre ich die Anspannung. Neben dem Bus patrouillieren Posten mit Maschinengewehren. Die Situation kann jederzeit eskalieren.

Ich kenne das aus der Zeit, als sich »visafrei« auf »Tschechei« reimte. Auch wenn wir im »kleinen Grenzverkehr« damals nur unseren Personalausweis vorzeigen mussten, war es nie sicher, ob wir die Grenze tatsächlich passieren durften. Unzählige Male habe ich die Schikanen über mich ergehen lassen, das Gepäck ausgepackt und wieder eingepackt. Mit der gleichen gespielten stoischen Gelassenheit, mit der die Kosovo-Albaner dem serbischen Beamten ihre Pässe entgegenhalten.

Jetzt habe ich einen roten Pass, der alle Grenzbeamten freundlich stimmt. Nur nicht den serbischen. Zwei Deutsche in einem albanischen Bus, das gehört sich nicht. Das Missfallen ist in sein Gesicht geschrieben. Mit bösem Blick sieht er uns an, greift nach unseren Pässen und verlässt wortlos den Bus. Die Verhandlungen über den Rückkauf ziehen sich hin. Niemand im Bus ist wütend auf uns, alle haben Mitleid. Letztendlich ist es eine Frage des Preises: vierzig Euro pro Pass. Die Fahrt selbst – von München nach Pristina – hat siebzig Euro gekostet.

Der Busfahrer teilt uns mit, dass wir ohne anzuhalten durch Serbien fahren werden. »Da würde ich sowieso nicht aussteigen«, sagt der Mann vor mir. Als wir dennoch halten müssen, weil ein Auto vor uns einen Jungen überfahren hat, bleiben wir mit ausgeschaltetem Motor und damit ausgeschalteter Klimaanlage in der Sonne stehen. Erst nach einer Stunde, als einem Kind übel wird, öffnet der Busfahrer die Türen. Trotzdem bleiben alle im Bus sitzen. Meine Knöchel sind zu Klumpen angeschwollen, ich will aussteigen, um einige Schritte zu laufen, doch Herr Bajrami hält mich besorgt zurück. Und sagt mit einem Unterton, als schwebte ich in Lebensgefahr: »Das ist zu gefährlich!«

Als wir endlich die Grenze zum Kosovo erreichen, klatschen und jubeln alle im Bus, als führen wir zu einer Party. Erst jetzt wird mir bewusst, unter welchem Druck sie während der vergangenen Stunden gestanden haben. Ich selbst bin müde und sehne mich nach einer Dusche. Wir sind seit über vierundzwanzig Stunden unterwegs. Wir fahren durch eine hügelige Landschaft. Am Straßenrand stehen neu gebaute Häuser, die meisten noch im Rohbau, unverputzt mit leeren Fensterhöhlen, doch nirgendwo sind Bauarbeiter zu sehen. Zwischen zwei Stahlträgern ist eine Wäscheleine gespannt, auf einer Betonterrasse sitzt ein Mann auf einem Plastikstuhl in der Sonne. Je näher wir Pristina kommen, desto unruhiger wird es im Bus.

Die Frauen beginnen sich zu schminken und holen ihre High Heels aus dem Gepäck, alle wollen »schön« in Pristina ankommen, selbst wenn die Füße so geschwollen sind, dass sie nur mit Mühe in die neuen Schuhe passen. Auch Emine wechselt ihre Turnschuhe gegen Sandalen. Der Wunsch nach Schönheit im Bus steht im Gegensatz zu der grauen Plattenbausiedlung, durch die wir fahren. Eine Rückkehr in den Sozialismus der Siebzigerjahre. »Ich liebe Markkleeberg!«, ruft Emine beim Anblick dieser Häuser. Ich muss lachen. »Ich liebe Markkleeberg!« habe ich noch nie gesagt.

Die Bajramis und ich sind etwa zur gleichen Zeit nach Markkleeberg gezogen. Ich war immer Leipzigerin gewesen, doch seit meiner Kindheit näherte ich mich Markkleeberg mit kleinen Schritten, ich kreiste es quasi ein.

Der erste Schritt waren die Sonntagsausflüge meiner Familie. Endlos fuhren wir mit der Straßenbahn durch den Süden der Stadt, durchquerten einen tiefen Wald, bevor wir ausstiegen und uns zu Fuß, von Mücken umschwirrt, auf feuchten Wegen unserem Ziel näherten: dem Luftbad.

Das Luftbad sah auf den ersten Blick aus wie alle anderen Bäder. Es gab eine große Liegewiese, eine Holzbalustrade mit Umkleidekabinen und Freiluftduschen. Das Einzige, was fehlte, war das Wasser. Es floss schwarz und von Schaum gekrönt hinter Büschen an unserem Luftbad vorbei. Baden verboten! Meine Eltern störte das wenig. Sie wollten nicht schwimmen, ihnen genügte es, ihren Körper in Luft zu baden. Besonders schön fanden sie, dass keine spielenden Kinder ihre Ruhe störten. Es gab kein Geschrei, niemand quengelte, weil er ins Wasser wollte. Alle anderen Eltern gingen mit ihren Kindern in richtige Bäder. Ich war das einzige zur stillen Beschäftigung gebetene Kind, denn das oberste Gebot im Markkleeberger Luftbad hieß: Du sollst deine Eltern in der Sonne schmoren lassen. Manchmal trat ich absichtlich in eine Distel.

Doch am Ende gab es einen versöhnlichen Programmpunkt. Vor unserer Rückfahrt »kehrten wir ein«. Das Einkehren war selten in meiner Familie. Wir trugen kein Geld in Gaststätten. Doch in Markkleeberg erlagen selbst meine Eltern der Verlockung. Im Schatten großer Kastanienbäume standen grün gestrichene Gartentische und luden nach dem »Luftbad« zu einer Erfrischung ein. Ich durfte mir eine rote Fassbrause bestellen. Das war ungewöhnlich, denn Limonade gab es bei uns nur an Feiertagen. Ansonsten tranken wir mit Wasser verdünnten Sirup oder Muckefuck. Die Fassbrause perlte im Glas. Kurz vor dem Trinken hielt ich inne und spürte, wie mich die Bläschen an der Nase kitzelten. Markkleeberg roch nach Himbeere.


Während wir durch die Straßen von Pristina fahren, kann Hacif, der jüngste Sohn der Bajramis, nicht mehr still sitzen. Nach dreieinhalb Jahren wird er seine großen Brüder endlich wiedersehen. »Da sind sie! Da sind sie!«, ruft er, als wir in den Busbahnhof einbiegen, und springt auf und ab. Mein Kollege und ich steigen als Letzte aus. Wir lassen allen anderen, die hier empfangen werden, den Vortritt. Wir sind nur Zaungäste, Voyeure bei den Umarmungen, Küssen und Tränen.

Ich habe Agim und Buletin noch nie gesehen, kenne nur ihre Geschichte und Fotos, auf denen sie noch wie fröhliche Schüler aussehen. Jetzt wirken sie erwachsen und ernst.

Agim fährt uns mit einem geliehenen Auto zum Hotel. Es liegt in einer Gasse in der Nähe einer Moschee. Das holprige Pflaster lässt uns im Auto auf den Sitzen hin und her rutschen.

Das einzige Hotel in Pristina, das von Reiseveranstaltern empfohlen wird, ist das Grand Hotel. Allerdings kostet dort eine
Nacht so viel wie fünf Nächte in dem kleinen Familienhotel.
Der junge Mann an der Rezeption spricht ausgezeichnet
Deutsch. Er ist in Deutschland zur Schule gegangen, jetzt hilft
er seinem Onkel. Wir müssen unsere deutschen Pässe abgeben,
und ich fühle mich etwas unwohl dabei. Was wir hier wollen,
fragt er.

Ich besuche meine Nachbarn, sage ich.

Er sieht mich ungläubig an und entschließt sich zu einem
Lächeln.


Am Abend, nachdem Agim die Familie in das Dorf des Großvaters gefahren hat, treffen wir uns mit Buletin und Agim zum
Essen. Auch Hacif ist dabei, er konnte sich nicht von seinen
Brüdern trennen. Hacif geht am Gymnasium von Markkleeberg in die fünfte Klasse. Er hat einen Notendurchschnitt von
1,0. Er ist das Nesthäkchen, der einzige in Deutschland ge-
borene Sohn. Er ist ernst für sein Alter. Nach allem, was er und
seine Familie erlebt haben, fühlt er sich verpflichtet, ein Mus-
terschüler zu sein.

Wir finden ein schönes Restaurant mit Loggia. Der Tresen
erinnert mich an eine italienische Bar. Auf der Speisekarte stehen zu meiner Freude viele mediterrane Gerichte. Pasta mit
Meeresfrüchten, Salate, Pizza, gegrillter Fisch. Wir bitten die
Jungen, sich etwas auszusuchen. Hacif findet sofort etwas.
Agim und Buletin zögern, und wir müssen sie geradezu nöti-
gen, sich auch etwas zu bestellen. »Wenn Sie es möchten!«,
sagt Buletin. Es ist ein Satz, den er in den kommenden Tagen
noch oft sagen wird. Wenn wir es möchten, wird er sich etwas
zu essen bestellen, und wenn wir es möchten, auch noch etwas

zu trinken. Die beiden würden sich nie trauen, uns gegenüber einen Wunsch zu äußern.

Ob sie uns erzählen würden, was nach ihrer Ankunft in Pristina geschehen ist?

Wenn Sie es möchten!

In den Abendstunden des 4. März 2004 betreten die beiden Jungen die Ankunftshalle des Flughafens Pristina. Sie haben keinen Plan, wissen nicht, wohin, dann sehen sie plötzlich das Schild mit ihren Namen. Die Markkleeberger haben Geld überwiesen und einen Mitarbeiter der Caritas gefunden, der die Jungen abholt und mit zu sich nach Hause nimmt. Sie sind erschöpft, haben fast zwei Tage nicht geschlafen. Am nächsten Morgen bringt er sie in das Dorf des Großvaters, eine knappe Autostunde von Pristina entfernt.

»Wir haben niemanden gekannt. Es war gerade Stromausfall, und es brannte nur eine Kerze. Jeder hat mich gedrückt, und sie haben gefragt: Wieso kennst du mich nicht mehr? Einige haben sich beleidigt gefühlt. Trotzdem waren sie sehr nett und haben versucht, uns aufzumuntern.«

Es sind schwierige Monate. Alles ist fremd, die Landschaft, die Menschen, die Sprache. Die Jungen sehnen sich nach Markkleeberg. Nach einer funktionierenden Wasser- und Stromversorgung, nach einer Müllabfuhr. Und nach Sicherheit.

Zwar sind sie von der Familie freundlich aufgenommen worden, doch sie gehören nicht dazu. Sie sind Fremde. »Wo seid ihr gewesen, als bei uns Krieg war?«, fragen viele. Keiner glaubt ihnen, dass sie arm aus dem deutschen Schlaraffenland zurückgekehrt sind. »Die denken, im Ausland findet man das Geld auf der Straße.« Es gibt die ersten Erpressungsversuche, die ersten Drohungen. Wohin sie auch gehen, die beiden werden erkannt und trauen sich nur noch bei Tageslicht und in Begleitung von Verwandten auf die Straße. Sie haben Angst.

Wieder helfen die Markkleeberger Freunde. Die Jungen sollen nach Pristina ziehen, wo sie weniger auffallen und vielleicht eine Arbeit oder einen Ausbildungsplatz finden. Zweihundertfünfzig Euro überweisen die Freunde und die Familie gemeinsam Monat für Monat nach Pristina. Die Miete kostet hundertachtzig Euro. Nach Abzug der Stromkosten bleibt für jeden weniger als ein Euro pro Tag. Sie essen abwechselnd Brot, Reis, Spaghetti mit Ketchup oder mit Schmand. Mehr können sie sich nicht leisten.

Sie freuen sich über das Essen, das wir ihnen bestellen, aber sie sind schon nach wenigen Bissen satt. Um uns herum wird englisch gesprochen, erst jetzt fällt mir auf, dass die beiden, abgesehen vom Kellner, die einzigen Kosovo-Albaner im Restaurant sind. »Ich weiß nicht, wie wir ohne die Markkleeberger unser Leben weitergeführt hätten«, sagt Agim. »Wie es gewesen wäre ohne ihre Unterstützung. Wer soll uns sonst am Leben halten, wenn wir nichts zu essen haben und kein Dach überm Kopf? Uns fällt es schwer, von anderen Geld zu erwarten, aber was sollen wir tun?« Die beiden bedanken sich so oft, dass es uns peinlich wird. Wenn sie von Markkleeberg sprechen, haben sie Tränen in den Augen.

Meine zweite Annäherung an Markkleeberg erfolgte während meiner Schulzeit. Wir wanderten mit unserer Biologielehrerin durch den Auenwald und bestimmten Pflanzen. Wir liefen über morastige Wege, die mich an meine Ausflüge in das Luftbad erinnerten.

Unser Ziel war eine Landwirtschaftsausstellung. Hätte ich wählen müssen zwischen Luftbad und Landwirtschaftsausstellung, wäre es mir schwergefallen, mich zu entscheiden. Ich fand die Landwirtschaftsausstellung genauso langweilig wie das Luftbad. Doch wie auch beim Luftbaden war das Wichtigste die Rast. Wir setzten uns auf eine Wiese, und ich holte meinen Proviant aus dem Campingbeutel. Die Büchse mit den Leberwurstbroten, den kleinen rot-gelben Eierbehälter mit dem winzigen Salzstreuer – kein Wandertag ohne hartgekochtes Ei – und die milchig weiße Plasteflasche, in der Pfefferminztee grünlich schimmerte. Wer jemals Pfefferminztee aus einer Weichplasteflasche getrunken hat, kennt den Geschmack. Es war geteiltes Leid, denn es gab nur diese eine Sorte Flaschen im Land. Egal, was man daraus trank, es hatte immer einen Hauch Leunawerke.

Die Jungen möchten nach Hause gehen, sie haben Angst vor dem Weg in der Dunkelheit, obwohl wir nur wenige Minuten von ihrer Wohnung entfernt sind. Wir wollen noch eine Zeit lang sitzen bleiben. Wir sehen sie davongehen, den großen, hageren Agim und den kräftigeren Buletin, Hand in Hand, mit dem kleinen Bruder in der Mitte. Wir fragen den Kellner nach Rotwein. Ja, er habe da noch eine Flasche von »Vor dem Krieg«. Es ist ein elf Jahre alter Rotwein, die Flasche für vierzehn Euro. »Vor dem Krieg« und »Nach dem Krieg« ist die Zeitrechnung in Pristina. Der Wein schmeckt überraschend gut. Auf der Straße patrouillieren Geländewagen der KFOR-Truppen. Dazwischen hin und wieder ein wuchtiger Jeep vom Typ »Zuhälterauto«. Auf der gegenüberliegenden Straßenseite leuchten die Schilder der Banken. Es ist alles nur eine Frage der Überweisungsgebühr. Es gibt weder Arbeitslosengeld noch Sozialhilfe, und so hängen bei einer offiziellen Arbeitslosigkeit von über siebzig Prozent viele Kosovo-Albaner am Tropf ihrer im Ausland arbeitenden Verwandten. Dass deutsche Nachbarn zwei abgeschobene Jungen unterstützen, halten in Pristina alle für ein Märchen. »Die waren überrascht, wie man unsere Familie behandelt hat, und haben immer geglaubt, dass wir etwas Falsches erzählen. Die dachten nicht, dass die Deutschen so herzlich sind. Die sagten, was habt ihr mit den Markkleebergern gemacht, dass die euch so mögen?«

Trotz aller Hilfe bleibt ein bitterer Nachgeschmack. Niemand möchte auf Dauer abhängig von dem Geld anderer sein, auch die beiden Jungen nicht. »So wollen wir eigentlich nicht leben. Wir wollen eigenes Geld, eigenes Leben, eigene Möglichkeiten haben. Für uns ist das auch schwer. Wir möchten das so nicht weitermachen. Wir möchten eine eigene Zukunft haben, eine eigene Vision«, sagt Buletin.

Warum soll es diese Vision in einem Land, das sich mitten im Wiederaufbau befindet, nicht geben?

Vor meiner Reise hatte ich mir im Internet die Eingliederungsprogramme für Rückkehrer angesehen. Vielversprechende Angebote: Englischkurse, Computerlehrgänge, Ausbildungen als Marketingassistent, Verkäuferin, Sekretärin, Koch, alles Lehrgänge über mehrere Monate. Warum sollten die beiden Jungen dort nichts finden? Haben sie sich wirklich beworben? Oder sind sie »blockiert« durch ihre Liebe zu Markkleeberg, und fürchten sie sich davor, im Kosovo wieder heimisch zu werden? Der Direktor der AGEF, der »Arbeitsgruppe Entwicklung und Fachkräfte im Bereich Migration«, empfängt uns persönlich. Es ist ein neu gebautes Haus, hell verputzt, und auch die Möbel in den Unterrichtsräumen sind neu, ideale Bedingungen für eine Ausbildung. Er führt uns durch das Haus und erklärt uns das Projekt »Job für Kosova«. Überall stehen Bildtafeln, die von der erfolgreichen Integration von »Heimkehrern« künden. Wir setzen uns in einen Unterrichtsraum, die Jalousien sind heruntergelassen, der Ventilator an der Decke kreist wie ein müder Propeller. Ich fühle, wie mir der Schweiß über den Nacken rinnt.

Der Direktor spricht von einem »positiven Beitrag für den Frieden« und davon, dass sechshundert Kosovaren die Lehrgänge erfolgreich abgeschlossen haben. Er redet und redet, zelebriert die Statistiken. Als er eine Pause macht, frage ich nach den beiden Jungen. Es ist, als hätte ich ihm das Manuskript weggenommen. Er nickt, es stimmt, dass sich die beiden mehrfach für einen Lehrgang beworben haben. Aber: »Ich will nicht lügen. Die Abgeschobenen sind eine komplizierte Gruppe. Es ist ein sehr heißes Thema, ein sehr schwieriges Thema.«

Das Thema ist so schwierig, dass es sich auch mit unserer Hilfe nicht lösen lässt. Schuldlos Abgeschobene sind für die Programme nicht vorgesehen. Auch Jugendliche mit einer abgebrochenen Schulausbildung haben hier keine Chance. Jetzt nicht und auch später nicht. Es nutzen keine Überredungskünste und auch nicht das Angebot, den Lehrgang zu bezahlen. Ganz einfach, weil es keinen Lehrgang gibt. Schweigend sitzen wir uns gegenüber und hören auf das Surren des Ventilators. Im Augenblick sei sowieso alles zum Stillstand gekommen. Es gibt keine Fördermittel mehr aus Berlin. Der Direktor verwaltet ein leeres Haus. Es ist ihm peinlich, und als wolle er sich rechtfertigen, gibt er uns die Adresse einer Autowerkstatt, in der wir einen »erfolgreich integrierten« Heimkehrer besichtigen können. Der Junge war »zurückgeschickt« worden, weil er in Deutschland seinen Schuldirektor zu Boden geschlagen hatte.

Wir laufen durch Pristina. Trotz einiger Hochhäuser macht die Stadt auf mich einen dörflichen Eindruck. Wenn die offiziell angegebene Einwohnerzahl von fünfhundertfünfzigtausend stimmt, dann hätten Pristina und die umliegenden Dörfer mehr Einwohner als Leipzig, was mir absurd erscheint.

In der DDR war Jugoslawien ein Land unserer Träume. Wurden die Mitglieder unserer sozialistischen Brudergemeinde aufgezählt, hieß es immer »und Jugoslawien«. »Und Jugoslawien« war ein abtrünniger Stiefbruder, der die Spielregeln nicht einhielt. Das Land war nicht Mitglied im Warschauer Pakt und auch nicht im Rat für gegenseitige Wirtschaftshilfe. Jugoslawiens Staatspräsident Tito verfolgte eine eigene Politik, einen demokratischen Sozialismus mit offenen Grenzen zu Italien und Österreich. Das machte dieses Land zum Objekt unserer Begierde. Jugoslawien war fast »Westen«. Im »Reisebüro der DDR« gab es die Reisen in die Volksrepublik Jugoslawien nur für einen ausgewählten Kundenkreis, für gute Genossen oder solche, die ihre Verbundenheit zum Staat auf andere Weise zeigten, denn niemand sollte verloren gehen. Die Schlacht um die wenigen frei verfügbaren Plätze wurde mit stundenlangem Anstehen und Bestechungsgeld ausgetragen. Für mich wäre es schon am Preis gescheitert. In den Siebzigerjahren kostete eine Reise nach Jugoslawien mehr als dreitausend DDR-Mark.

Die Autowerkstatt liegt an einer Ausfahrtstraße. Der Meister ist nicht erfreut über unseren Besuch, Journalisten, die Arbeit für ihre ehemaligen Nachbarjungen suchen und auch noch zu Fuß kommen, sind ihm suspekt. Wenn auch lustlos, spult er trotzdem seine Lobhudeleien über die deutsche Hilfe ab, der neue Mechaniker sei dank dieser Ausbildung gut integriert.

Auf die Frage nach dem Verdienst bekommen wir keine Antwort, nur blumige Beschreibungen der schwierigen Situation. Als der Meister zu einem Kunden gerufen wird, können wir den Mechaniker fragen. Höchstens zweihundertfünfzig Euro im Monat, sagt er. Ob er davon leben könne? Er zuckt mit den Schultern. Wenn alle Verwandten zusammenlegen, dann gehe das schon.

Er wünscht sich nichts sehnlicher, als nach Deutschland zurückzukehren. Irgendwie werde er das schon schaffen, sagt er und grinst.

Er kann nichts dafür, aber ich bin wütend darüber, dass jemand, der seinen Schuldirektor geschlagen hat, mehr Chancen bekommt als Agim und Buletin.

Es scheint, als gäbe es im Kosovo keine Wirtschaftsstruktur, sondern nur eine Familienstruktur. Das Hotel, in dem wir wohnen, wird von Tanten, Onkeln, Nichten und Neffen bewirtschaftet. »Blut ist dicker als Wasser«, die alte Weisheit. Am Morgen kommen die Bauern aus den umliegenden Dörfern in die Stadt und preisen in den Gassen rings um unser Hotel ihre Ernte an: Kartoffeln, Melonen, Zwiebeln und Paprika. Auf den Ladeflächen der klapprigen Lieferwagen sitzen Männer aus mehreren Generationen und warten auf Kunden. Jede Aussicht auf einen Verdienst wird genutzt. Vor den Cafés und Restaurants lauern Zigarettenverkäufer mit ihrem Bauchladen. An Straßenkreuzungen haben sich junge Männer mit gekühlten Getränken postiert. Einige mit Eiskübeln, andere haben einen Kühlschrank auf den Gehweg gestellt. Es wird um jeden Käufer gebuhlt.

Vor dem drei Meter hohen Eisentor der Kosovo Trust Agency drängen sich die Männer. Manchmal gibt es einen Tagesjob, sagt Agim. »Aber selbst wenn du eine Arbeit findest, weißt du immer noch nicht, ob du am Ende wirklich bezahlt wirst.«

Den Jungen bleibt nur der Großvater. Wir fragen sie, ob wir ihn in seinem Dorf besuchen können. Morgen, sagen sie, doch am nächsten Tag ist das Auto des Onkels kaputt. Vielleicht übermorgen. Wir spüren eine unsichtbare Barriere. Schämen sie sich, uns ihre Armut zu zeigen? Wir bieten an, die Autoreparatur zu bezahlen, doch dann fährt das Auto plötzlich wieder.

An den Straßenrändern rings um Pristina liegen Autowracks. Zu Schrott gefahren oder einfach abgestellt. Für Geld gibt es hier alles, auch einen Führerschein. An Verkehrsregeln hält sich sowieso niemand, beim Überholen wird nicht geblinkt, beim Abbiegen selten. Wer zuerst fährt, hat recht. Normalerweise bin ich eine gelassene Beifahrerin, doch hier zeige selbst ich Nerven und schreie, als uns ein Jeep auf einer Kreuzung die Vorfahrt nimmt. Oft fehlen nur wenige Zentimeter. Ich bin erleichtert, als wir die Stadt verlassen und keine anderen Autos mehr auf der Straße sind. Wieder fallen mir die vielen Rohbauten in den Dörfern auf. Die Bauherren sind Verwandte aus dem Ausland. Es kann nur weitergebaut werden, wenn sie Geld schicken. Bewohnt sind diese »Baustellen« trotzdem.

Der Großvater lebt in einem Haus, das ihm ein geflohener Nachbar überlassen hat. Was geschehen würde, wenn der Nachbar plötzlich zurück in das Dorf käme, wagt niemand zu denken. Schon jetzt ist die Wohnsituation prekär. Das Haus hat drei Zimmer, die sich der Großvater mit seinen Söhnen, Schwiegertöchtern und Enkelkindern teilt. Er ist der Einzige, der ein festes Einkommen hat: vierzig Euro Rente.

Sie haben einige Schafe, bauen Gemüse an. Manchmal verdingen sich die Männer zum Holzhacken. Aber wer von den Nachbarn kann sich das noch leisten?

Vor der Eingangstür wächst ein Weinstock. Ich genieße es,

im Schatten zu stehen. Bevor ich das Haus betrete, ziehe ich die Schuhe aus. Der Boden im Flur ist angenehm kühl.

Wir versammeln uns im Zimmer des Großvaters, fünfzehn Personen in einem vier mal vier Meter großen Raum. Alles ist aufgeräumt, auf dem Kühlschrank und dem Herd liegen Spitzendecken. Uns Deutschen wird Mineralwasser angeboten, alle anderen trinken Flusswasser. Ich frage nach der Zeit vor dem Krieg, ich will verstehen, warum so viele Kosovo-Albaner aus diesem Land geflüchtet sind. »Großvater hat noch nie darüber gesprochen«, sagt Agim. Der Großvater sitzt vor seiner Familie wie ein nervöser Vortragsredner. Er räuspert sich und streicht immer wieder mit seinen kräftigen Händen über die Anzughose.

»Wenn ich daran denke, was ich erlebt habe, dann werde ich verrückt. Die Serben haben mit Gewehren mit Zielfernrohren auf uns geschossen und versucht, so viele Kosovaren wie möglich zu töten. Wenn du auf der Straße erwischt wurdest, hat man dich geschlagen. Vor dem Ort haben sie zwei verstümmelte Leichen im Gebüsch gefunden, und zu Hause gab es das Gerücht, mein Sohn und ich wären erschossen worden, und die Familie hat schon getrauert. Doch es waren zwei Männer aus einem anderen Dorf. Die Frauen und Mädchen haben sie in den Wald geschleppt und vergewaltigt. Es war ein Massaker. Wir haben uns versteckt, neunzig Menschen in einem Stall. Meine Frau war krank, sie bekam keine Luft, und wir hatten keine Medikamente. Ein fünfundsiebzigjähriger Verwandter kam zu mir und fragte, was mache ich, wenn sie uns einkreisen? Ich sagte, hab keine Angst, bis zu meinem Tod werde ich dich auf meinen Schultern tragen, wohin ich auch gehe.«

Er nennt die Mörder beim Namen. Es waren Serben aus den Nachbardörfern. Männer, mit denen sie jahrelang zusammengelebt hatten. Er erzählt, wie sie mit ihren Morden geprahlt haben, sich übertreffen wollten mit der Anzahl der getöteten Albaner. Der Großvater hat eine raue, kräftige Stimme. Manchmal gerät er ins Stocken und ringt um Worte. Agim übersetzt für uns. Für ihn ist es schwer, die Dinge, die sein Großvater erzählt, in deutsche Sätze zu fassen. In den langen Pausen sind nur die Vögel vor dem Fenster zu hören. Zum Schluss seiner Erzählung dankt der Großvater Bill Clinton, Tony Blair und den Markkleebergern. »Möge Gott sie schützen!«

Im Vergleich zu dem Dorf Janjevo erscheint Markkleeberg wie ein Königreich. Ich bin eine Abgesandte und verteile meine Gaben an die Bedürftigen. So jedenfalls komme ich mir vor. Es sind ganz normale Lebensmittel aus deutschen Supermärkten, und ich fühle mich dabei wie die reiche Westtante auf Ostbesuch. Mir soll alles so angenehm als möglich gemacht werden, ich bekomme Mineralwasser zu trinken, werde überall hingefahren und ständig gefragt, ob es mir gut geht. In meinem kleinen Hotel in Pristina gibt es immer Wasser und Strom. Im Gegensatz zu Janjevo, wo die täglichen Stromausfälle zum Leben gehören und Trinkwasser rar ist. Oft muss die Familie das Wasser von einer weit entfernten Quelle holen. Der dazugehörige Fluss ist auf den ersten Blick nicht zu erkennen. Ich habe das Flussbett neben der Straße für einen Müllgraben gehalten; erst als ich sehe, dass sich die Plastikflaschen leicht bewegen, ahne ich, dass darunter Wasser fließt. Zum Abschied mache ich ein Familienfoto auf der Terrasse vor dem Haus. Alle stellen sich im Halbkreis auf, der Großvater kauert sich in die Mitte. Es ist ein schönes Bild, fast eine Idylle.

Die Straße von Janjevo nach Pristina führt durch drei serbische Dörfer. Wegen der schlechten Straße fahren wir langsam. Als wir anhalten, um eine Flasche Wasser aus dem Kofferraum zu holen, flüchten die Menschen in ihre Häuser. In den Gesichtern hinter den Fensterscheiben sehen wir Misstrauen und Angst.

In der Schule hatte ich gelernt, wie harmonisch das Zusammenleben in einer Volksrepublik war. Die Tschechen liebten die Slowaken, die Bosnier die Kroaten, und die Sowjetunion mit ihren fünfzehn Republiken war »ein leuchtendes Beispiel der Völkerverständigung«. Die ersten Zweifel an diesem »Modell« kamen mir Mitte der Achtzigerjahre auf einer Mittelasienreise. »Die Russen?«, hatte ein Kirgise zu mir gesagt: »Das sind doch *eure* Freunde!«

Als ich 1999 nach Markkleeberg zog, kämpften die Einwohner gerade für den Erhalt ihrer Unabhängigkeit. Mit großen Schildern wurde an der Stadtgrenze zu Leipzig darauf hingewiesen, dass man von nun an Markkleeberger Territorium betrat. Dazu kamen Plakate mit kämpferischen Parolen, mit denen die Okkupanten in die Flucht geschlagen werden sollten. Auf mich »Leipzigerin« wirkten diese Vorgänge befremdlich.

»In Markkleeberg wohnen die Millionäre«, hatte mir meine Mutter einmal auf einer Fahrt zum Luftbad zugeflüstert. Vielleicht wollten die reichen Markkleeberger einfach nur nicht ihre Millionen mit den verarmten Leipzigern teilen?

In meinem dritten Anlauf näherte ich mich Markkleeberg in einem Kohlenzug. Die Literaturstudenten sollten sich im Rahmen eines Praktikums in der Produktion bewähren. Wenn wir schon keine Arbeiterdichter waren, dann sollten wir wenigstens über Arbeit dichten. Wie immer süchtig nach einem Abenteuer, wollte ich direkt in »die Grube« und wählte eine Lokführer-Brigade im Braunkohletagebau. Sechs Wochen lang lebte ich im Frühsommer 1986 in einem Arbeiterwohnheim im Altenburger Neubaugebiet und arbeitete im Dreischichtsystem im Tagebau Schleenhain.

In Leipzig kursierte in meiner Kindheit der Witz: »Walter Ulbricht hat beschlossen, den Leipziger Hauptbahnhof abzureißen. Warum? Weil darunter Braunkohle liegt.« Es war der Witz, bei dem mir von nun an das Lachen im Hals stecken blieb. Der Südraum von Leipzig glich der Filmkulisse für einen Science-Fiction-Film. Die Landschaft war gezeichnet von riesigen Kratern, Sandsteinplateaus, Lehmwüsten, Schluchten, durch die der Wind pfiff. Wie Attrappen wirkten die wenigen unbewohnten Häuser, die an den Rändern der Grube stehen geblieben waren. Stumme Zeugen, die an die Orte erinnerten, die an diesen Stellen einmal gestanden hatten. Die Bewohner waren umgesiedelt worden, viele von ihnen nach Leipzig in die Plattenbausiedlung »Grünau«. Schicht für Schicht fraßen sich die Schaufelräder der Bagger ins Land. Es war ein Geräusch, das mich bis in meine Träume verfolgte: ein hörbares Zusammenziehen der Luft, ein Wimmern, das zu einem Schrei anschwoll, voller Angst und voller Lust, wie die Geräusche aus den Lautsprechern einer Geisterbahn. Die Bergleute in der Grube hatten sich daran gewöhnt, die meisten wohnten in den umliegenden Orten, und je nachdem, wie der Wind wehte, konnten sie es bis in ihre Häuser hören. Sie sprachen ungern darüber. »Sense«, der Oberlokführer meiner Brigade, hatte sein Haus selbst gebaut, Stein für Stein, in tausendsechshundert Stunden. »Es ist ein trockenes Geräusch, wenn die Häuser zusammenfallen«, sagte er, »so als knüllt jemand einen Bogen Papier zusammen«, und rief weiter Zugnummern durch die Lokführerbaracke. Er tat seine Pflicht, wie alle im Tagebau.

Das Land brauchte Kohle. Das war der Auftrag. Es gab verschiedene Kohlesorten: Schwelkohle für die Chemiewerke, Feuerkohle für die Kraftwerke und Exportkohle für die Brikettfabriken. Die beste Qualität wurde gebündelt auf die andere Seite der Mauer geschickt, nach Westdeutschland und Österreich. Im Namen der Kohle verschwanden Orte von der Landkarte, wie Magdeborn, Eytra, Schleenhain. Gedenksteine wurden umgesetzt, Schlachtfelder aus den Zeiten der Völkerschlacht verlegt. Es war »die Einsicht in die Notwendigkeit«, der alle gehorchten. Doch es wäre zu einfach gewesen, die Arbeiter im Tagebau nur als »Ausführende« zu sehen, es waren Männer, die eine Bergmannsehre hatten. Ich lernte einige von ihnen kennen, den Stellwerker »Schweinchen Dick«, der in seiner Freizeit Orchideen züchtete und stundenlang warten konnte, bis sich eine Blüte öffnete, »Hurvinek«, den Lokführer, der heimlich Gedichte schrieb, und den »Schauspieler«, der wie John Wayne an seiner Barackentür lehnte und dafür sorgte, dass seine Brigade den Plan erfüllte.

Wenn wir im Führerhaus der Lok unseren Kaffee ausgetrunken hatten, blieb immer ein schwarzer Rest in der Tasse: Kohlengruß.

Die Leute in dieser Gegend lebten klaglos mit dem Staub der Abraumhalden, dem Qualm der Brikettfabriken und den Rückständen der Koksherstellung, die sich als Teerseen in den Senken sammelten. Als die Mauer fiel, hatten sich die Bagger bis an die Stadtgrenze von Markkleeberg gefressen.


Auf einigen Plätzen in Pristina stehen noch Panzersperren. Ausgewaschene Betonblöcke, die ich anfangs für Bauteile hielt. Die Fahrzeuge der Kosovo Force sind überall zu sehen, was nicht verwunderlich ist bei etwa zehntausend Soldaten in einem elftausend Quadratkilometer kleinen Land. Die deutschen

Einheiten gehören zur Gefechtstruppe Süd und sind in Prizren stationiert. Wurden die »Rückkehrer« nicht auf die Hilfe der KFOR verwiesen? War das eine ungenutzte Chance für die beiden Jungen?

Mein Kollege und ich beschließen nachzufragen. Wir nehmen den Linienbus. Als sich der Bus auf der Passstraße durch das Gebirge quält, sind wir froh, dass wir die Idee, mit dem Auto des Onkels zu fahren, verworfen haben. Es ist eine karge Landschaft mit schroffen Berghängen. Auf vielen Anhöhen zeugen Gräber und Mahnmale von den Kämpfen der UÇK gegen die serbische Armee. Nach einer zweistündigen Fahrt sehen wir endlich die Stadt im Tal liegen. Gegen Pristina wirkt Prizren wie ein Ferienort. Durch die Innenstadt windet sich ein Fluss, über den kleine Brücken führen, und zu meiner Überraschung schwimmt kein Müll auf dem Wasser. Statt grauer Plattenbauten gibt es hier Häuser mit roten Dächern, auffallend viele Moscheekuppeln und Minaretttürme. Entlang der Hauptstraße dominieren Restaurants, Cafés, kleine Passagen mit Läden. Hochzeitsausstatter, Boutiquen mit Trachten. In einer Gasse bietet ein Händler DDR-Pionierblusen an. Wir suchen uns ein ruhiges Café und rufen den deutschen Presseoffizier an. Er erklärt uns, wo wir unser Auto parken sollen. Wir sagen, dass wir zu Fuß sind. Schweigen. Wie sind Sie denn dann hergekommen?

Mit dem Linienbus.

Über den Dulja-Pass?

Nach unserem »Ja« gibt es ein sehr langes Schweigen.

Es ist ein routinierter Pressetermin. Uns werden Fotos von Hilfsprojekten gezeigt, Statistiken referiert. Alles ist wunderbar. Als Nächstes ist der Bau einer Biodieselanlage geplant. Was habe ich erwartet? Ich liebe weder Pressetermine noch das Militär, und doch muss ich zugeben, dass ich mir nicht vorstellen kann, wie dieses Land ohne fremde Hilfe zu einer Wirtschaftsstruktur finden will. Der Vortragsredner ist ein Logistikfachmann aus der Raumfahrttechnik, ein Reservist, der für ein halbes Jahr in Prizren arbeitet. Er ist sehr präzise in seinen Ausführungen. Den anschließenden Interviewtermin müssen wir uns mit einer Journalistin teilen. Wir lassen ihr den Vortritt, weil sie nur wenig Zeit hat und noch zum »O-Töne-Fangen« in die Stadt will.

Die Offiziere sind vorsichtig, wittern hinter jeder Frage eine Falle. Doch wir sind nicht gekommen, weil wir den NATO-Einsatz infrage stellen. Nicht, weil wir ihn gutheißen, sondern weil wir es nicht beurteilen können. Wir wollen nur begreifen, wohin ein deutsches Amt zwei Jungen aus Markkleeberg geschickt hat.

Dass jemand wegen seiner abgeschobenen Nachbarn mit dem Linienbus von Deutschland nach Pristina gefahren ist, stößt selbst hier auf Verwunderung. Warum haben wir uns nicht, wie alle anderen Journalisten, mit einer Bundeswehrmaschine einfliegen lassen?

Als wir fragen, warum auf dem Fluss in der Stadt kein Müll schwimmt, lacht der Logistiker. Ein Trick, man habe einen Preis ausgesetzt: Für jeden in der Kaserne abgegebenen Müllsack gibt es einen Euro.

Der Presseoffizier lädt uns zum Mittagessen in die Kantine ein. Es gibt zwei Ausgabeschalter. Über einem hängt ein großes Schild mit einem Schwein, über dem anderen ein Schild mit einem Schwein, das mit dicken roten Strichen durchgestrichen ist. Ich gehöre zur »Nicht-Schwein«-Fraktion und hole mir Tortellini mit Tomatensoße. Ein Fehler, wie sich herausstellt, denn es gelingt mir, meine Identitätskarte, die ich an einem Band um den Hals tragen muss, in die Tomatensoße zu tauchen.

Vorspeise, Hauptgericht, Dessert. Das Angebot ist üppig, ein großes Salatbuffet und Nachspeisen in vielen Variationen, Mousse au Chocolat in Weiß, Mittelbraun und Dunkel.

Wenigstens ist die Stationierung der Soldaten eine Arbeitsbeschaffungsmaßnahme für die Bauern der Region, denke ich und irre. Fast alle Lebensmittel werden eingeflogen. Das Risiko, etwas »vor Ort« zu kaufen, wäre zu groß. Und die Köche? Auch sie sind natürlich Soldaten. Wie konnte ich das in meiner weiblichen Naivität vergessen: Eine Kaserne ist ein »Militärbetrieb«, in dem Zivilisten nichts zu suchen haben. Ob es hier vielleicht trotzdem Arbeit für die Jungen gibt? Der Presseoffizier lacht. Manchmal würden Autos im Ort repariert. Der Stützpunkt jedoch muss autonom bleiben. Der Optimismus des Anfangsvortrags schwindet.

Wie lange die Truppen noch stationiert sein werden?

Die nächsten Jahre bestimmt.

Was dieser Einsatz die beteiligten Länder kostet, kann ich nur ahnen. Die »Auslöse« für einen einfachen Soldaten beträgt pro Tag etwa sechsundsechzig Euro: das Lebensmittelbudget der Bajrami-Jungen für einen Monat.

Vielleicht kann uns die CIMIC weiterhelfen, der Stützpunkt für zivilmilitärische Zusammenarbeit.

Hier lädt uns der leitende Offizier erst einmal zum Kaffee ein. Den Kuchen dazu hat immerhin eine albanische Angestellte gebacken. Wieder wird uns zuerst ein Vortrag gehalten über Hilfsprojekte, Wasseraufbereitungsanlagen, Schulneubauten. Als wir erklären, weshalb wir gekommen sind, fällt die freundliche Maske. Es sei unverantwortlich, in welcher Weise die deutschen Behörden Flüchtlinge abschieben. »Sie sagen ihnen, geht zur CIMIC, die wird euch helfen. Und dann stehen sie vor unserer Tür. Wir können ihnen vielleicht eine Matratze geben, aber weder eine Arbeit noch eine Wohnung.«

Die Wahrnehmung der deutschen Behörden, was die Situation im Land angeht, läge jenseits der Wirklichkeit, und auch nicht jede Hilfslieferung würde den Bedarf treffen. Er zeigt auf eine große Schale mit Hustenbonbons. Ein bekannter Hersteller hat mehrere Zentner gestiftet, die jetzt im Hochsommer schnell verteilt werden müssen, bevor sie schmelzen und zusammenkleben. »Auch das noch!«

Der nächste Programmpunkt wirkt wie für uns inszeniert. Wir werden eingeladen, einen Herd und Bettgestelle zu einer Roma-Familie zu bringen. Nun fahren wir doch noch im Militär-Jeep. Einige Menschen am Straßenrand winken unserem Konvoi zu. Irritiert winke ich zurück.

Die Roma-Familie lebt am Rande der Stadt in einem Rohbau, der von einer französischen Hilfsorganisation errichtet wurde. Aus den Terrassenplatten ragt der Bewehrungsstahl, die Fensterhöhlen sind mit Folien verklebt. In wilden Konstruktionen ziehen sich die Elektrokabel durchs Haus.

»Es ist alles eine Frage der Mentalität«, sagt der Offizier. »Wir müssen akzeptieren, dass sie anders sind.«

Wir werden mit Beifall empfangen. Noch bevor die Betten ausgeladen werden, verteilt der Offizier Hustenbonbons an die Kinder. Reichlich. Die Bettgestelle werden in den Flur getragen. In den Zimmern liegen nur Teppiche und Matratzen. Ob die Bettgestelle jemals darin aufgestellt werden?, frage ich den Dolmetscher. Er lacht.

Ich fotografiere die Kinder, sie haben Spaß dabei und halten mir ihre Hustenbonbontüten entgegen. Auf der Terrasse sitzt auf einer Wolldecke die Großmutter, eine schöne alte Frau. Ein kurzer Blickkontakt, und ich darf auch sie fotografieren. Mit einer Geste in Richtung der Soldaten deutet sie ihren Dank an. Alle freuen sich, alle bedanken sich. Wie es weitergehen wird, weiß niemand. Die Kosovaren hoffen auf ihre Unabhängigkeit. Und dann? Dann kommen die Investoren, beteuern alle.

Der Presseoffizier fährt uns zur Bushaltestelle. Wir verabschieden uns mit gegenseitigem Respekt. Im Bus treffen wir den Dolmetscher wieder. Für ihn bedeutete unser Besuch einen guten Tag. Wenigstens einer, der davon profitiert hat. Vorsichtig erkundige ich mich nach seinen Lebensbedingungen und bin erleichtert, als er erzählt, dass er mit seiner Frau und seinem kleinen Kind in einer Dreizimmerwohnung lebt. Ein Mal vernünftige Lebensbedingungen!, denke ich. Aber da sind noch seine Schwester und sein Bruder. Die Familie kann man doch nicht im Stich lassen.

Wie viele Personen er von seinem Lohn ernährt?

Er überlegt kurz: fünfzehn.


Auf »Wunsch« der deutschen Behörden sollten Agim und Buletin dorthin zurückkehren, wo sie hergekommen waren.

Wir fahren mit Herrn Bajrami und seinen Söhnen in das Dorf, aus dem er mit seiner Familie vor vierzehn Jahren geflohen ist. Was anmutet wie ein Ausflug in die Sommerfrische, wird eine Fahrt in die Vergangenheit, die schmerzt. Hier war die Autowerkstatt des Vaters, hier die Fabrik, hier die Schule der beiden Jungen. »An meinem ersten Schultag habe ich den ganzen Tag geweint«, sagt Buletin, »ich wollte nicht von meiner Mama getrennt sein.«

Das Grundstück wird von einer baufälligen Mauer umgrenzt. Auf einer ausgedörrten Wiese stehen drei Häuser und ein abgedeckter Brunnen. Das ehemalige Haus der Bajramis hat azurblau gestrichene Fensterrahmen. Das ist schon alles an

Schönheit. Der Putz ist von den Wänden gefallen, die Ziegelsteine wirken wie aufeinandergelegt, als gäbe es keine Mörtelfugen. Drei Stufen führen zu einer kleinen Loggia, von der links und rechts zwei Räume abgehen. Die morschen Türen hängen schief in den Angeln. Als wir die Stufen nach oben steigen, stieben aufgeschreckte Hühner davon. Die beiden Räume sind klein, vielleicht drei mal vier Meter. Links war die Küche. Wo der Herd stand, ist an der rußgeschwärzten Wand zu erkennen. Über den leeren Fensterrahmen spannt sich eine Schmuckgardine mit Lochstickerei. Alles ist staubig und mit Spinnweben überzogen. An einem Haken neben dem Fenster hängt ein Sommermantel. »Von meiner Mama«, sagt Buletin. Es ist der Mantel von Frau Bajrami, vergessen auf ihrer Flucht vor vierzehn Jahren. In dem anderen Raum lehnen zwei verschimmelte Matratzen an der Wand. »Wie sollen wir hier leben?«, fragt Agim.

Der Nachbar möchte uns einladen, aber er schämt sich, weil er uns nichts anbieten kann. Er hat nur das Wasser aus dem Brunnen, doch das sollten wir lieber nicht trinken. Wir schicken Agim Getränke kaufen. Heimlich steckt er dem Nachbarn einige Dosen Fanta zu, und kurz darauf werden wir ins Haus gebeten. Auch dieses Haus ist klein. Die Vorhänge sind zugezogen, damit es kühl bleibt im Raum. Unter dem Teppich, den wir mit nackten Füßen betreten, spüren wir die Unebenheit des Bodens. Der Nachbar hat seinen guten Anzug angezogen, ein frisches Hemd und eine Weste. Er begrüßt uns, als wären wir eine Staatsdelegation. Auch er dankt uns, wie immer in der Reihenfolge: Amerika, Deutschland, Markkleeberg. Er würde den beiden Jungen gern helfen. Aber.

Vor dem Haus auf der kargen, rissigen Erde wachsen Paprika, Kartoffeln und Tomaten. Der Brunnen und die Hühner, mehr hat er nicht zum Leben. Das Grundstück ist durch einen hohen Metallzaun begrenzt. Auf der anderen Seite steht ein neu gebautes Haus, ein Hochhaus im Vergleich zu den Hütten auf unserer Seite. Das »Hochhaus« ist frisch verputzt und gelb gestrichen, es hat eine Loggia mit Panoramafenstern. Die Nachbarn auf der anderen Zaunseite haben Glück, ihr Sohn arbeitet seit Jahren in der Schweiz. Von dem Geld, das er verdient, hat er seiner Familie dieses Haus gebaut. Die zwei Welten im Kosovo.

Einige Jahre bevor ich nach Markkleeberg zog, waren die Tagebaue im Süden Leipzigs geschlossen worden. Zurück blieben verlorene Orte und eine geschundene Landschaft. Als 1990 die Weltausstellung an Hannover vergeben wurde, ahnte niemand, welche Auswirkungen die Expo 2000 für Markkleeberg haben würde. In weltweiten Projekten sollten Lösungen für Zukunftsfragen gefunden werden. Eines dieser Projekte war die Rekultivierung der Tagebaulandschaft südlich von Markkleeberg.

Aus dem Aschenputtel wurde eine Prinzessin, aus »Tagebau-Restlöchern« das »Neu-Seen-Land«. In meinem ersten Sommer in Markkleeberg schwammen wir noch heimlich zwischen aus dem Wasser ragenden Baumwipfeln. Ein Jahr später wurde der See als erster von sieben offiziell eröffnet. Nun war die Zeit des Luftbadens in Markkleeberg endgültig vorüber. Jetzt gab es einen langen Sandstrand und einen Hafen mit Segelbooten. Nur der Name des Sees erinnert noch an den Ortsteil, der an dieser Stelle einmal gestanden hat: Cospuden.

Bei einem Spaziergang durch die Plattenbausiedlung Leipzig-Grünau kam ich zufällig in die Gegend der »Umgesiedelten«. Die Wohnblocks waren sofort zu erkennen, die Balkons hatten die schönsten Blumenkästen, und vor den Häusern waren statt der sonst üblichen schmalen Rasenfläche Beete angelegt. Üppig blühende Gärten mit Rosenbogen und bepflanzten Handwagenrädern. Inmitten der Pracht saß eine alte Frau verlassen auf einer Bank.

Sie erinnerte mich an einen Film, den ich Anfang der 1980er-jahre gesehen hatte. Die *Erinnerungen an eine Landschaft* waren damals für den Wettbewerb der Leipziger »Dokumentar- und Kurzfilmwoche« nicht zugelassen worden. Der Film hatte über einen langen Zeitraum die Umsiedlung der Bewohner der Städte Magdeborn und Eytra begleitet. Als er dann doch in einem kleinen Leipziger Kino gezeigt werden durfte, saßen vor mir einige »Protagonisten« des Films. Sie weinten, als sie sahen, wie eine Frau für immer ihr Haus verließ. Bevor sie ging, schloss die Frau ordentlich ihr Gartentor ab und steckte den Schlüssel in ihre Handtasche. In diesem Moment begriff ich, dass Vertreibung keine Frage der Entfernung war.

Wenn ich in meinem Hotelzimmer in Pristina auf meinen Klo-deckel steige und aus dem Fenster blicke, kann ich über die Dächer des Viertels sehen. Rote, mit Mörtelklumpen zusammengepappte Dachziegel, Antennen, Satellitenschüsseln. Dahinter der Turm einer Moschee. Jeden Morgen bei Sonnenaufgang weckt mich der Muezzin. Er ruft seine Gebete durch die offene Badtür bis zu meinem Bett. Ich werde wach und lasse mich wieder in den Schlaf singen. Ich genieße die Kühle des Morgens. Die Klimaanlage in meinem Zimmer ist der Luftzug vom Badfenster über mich hinweg zum Zimmerfenster. Das Zimmer ist klein, ein Bett, ein Nachttisch, ein Stuhl. Das dicke Steppbett ist mit lila Feinbiber-Bettwäsche bezogen. Von meinem Zimmerfenster blicke ich in einen Innenhof. Dort stehen die beiden mit Wolldecken verhüllten Autos des Hotelbesitzers. Als wir neugierig unter die Wolldecken sehen, entdecken wir zwei schwarze Mercedes S-Klasse mit deutschem Kennzeichen.

Am nächsten Morgen werde ich an die Rezeption gewinkt. »Mein Onkel möchte, dass Sie ausziehen«, sagt der Neffe mit ernstem Gesicht zu mir. Warum sagt er es zu mir und nicht zu meinem Kollegen? Normalerweise werden hier die Dinge mit »dem Mann« besprochen. Sitzen wir in einem Restaurant, werde ich nie nach meinen Wünschen gefragt, sondern muss alles vorher kundtun, damit das Essen für mich mit bestellt werden kann. Warum also wird *mir* der »Rausschmiss« angedroht? Glaubt der Onkel, dass ich Angst haben würde?

Ich ignoriere die Aufforderung. Von meinem Klodeckel aus prüfe ich, ob jemand durch das Badfenster in mein Zimmer einsteigen könnte. Von nun an herrscht trotz Hochsommer Eiszeit im Hotel. Kein Lächeln mehr an der Rezeption, keine Hilfe beim Telefonieren. Das Frühstück fällt ab sofort mager aus. Statt Tomaten, Paprika, Ei, Käse und reichlich Brot gibt es für jeden nur noch eine kleine Baguettescheibe und einen schmalen Streifen Schafskäse.

Die Straße hat tausend Augen, ich spüre es, sobald ich aus der Hoteltür trete. Ich fotografiere wie zufällig die Gasse und zoome die unverglasten Fensteröffnungen näher heran. Jetzt habe ich den Beweis: Jede meiner Bewegungen wird beobachtet.

Ich kann es ihnen nicht einmal übel nehmen. Niemand aus Deutschland besucht zehn Tage lang seine abgeschobenen albanischen Nachbarn. Würde ich zur Familie gehören, würden sie nicht zulassen, dass ich in einem Hotel wohne; wäre ich eine richtige Journalistin, würde ich im Grand Hotel residieren.

Doch das Grand Hotel ist keine Alternative. Es ist ein hässlicher Plattenbau, eine Reliquie aus sozialistischen Zeiten. Auf der Terrasse besprüht ein Kellner den Kunstrasen mit Leitungswasser, damit die Luftfeuchtigkeit steigt und die Hitze für die Gäste erträglicher wird. Dienstbeflissen rennt er zu einem Tisch und rückt an den Stühlen, als er uns kommen sieht. Sein Lächeln friert sofort ein, als er merkt, dass wir von zwei albanischen Jungen begleitet werden. Er lässt uns spüren, dass wir unerwünschte Gäste sind. Die Gäste, die hier schon am Morgen ihr Bier trinken, tragen Goldketten um den Hals und rauchen Zigarillos. Die Drogenmenge, die jährlich von der albanischen Grenze durch das Kosovo geschleust wird, soll mehrere Tonnen betragen. Es lebe das Klischee, denke ich und bestelle Mineralwasser. Bevor wir gehen, nehme ich den Umweg durch die Lobby, es ist der Gang durch eine Geisterbahn. So hatten wir uns im Sozialismus die moderne Welt vorgestellt. Die lange Rezeption wirkt trostlos statt großzügig, und die dunklen Wandplatten jagen mir nicht nur wegen der Kühle einen Schauer über den Rücken.

Gleich neben dem Grand Hotel, in der Innenstadt von Pristina, gibt es einen langen Metallzaun, an dem Fotos hängen. Etwa einhundert Klarsichthüllen mit verblichenen Männerporträts. Tag für Tag gehen wir daran vorüber. Manchmal bleiben wir stehen und sehen uns die Gesichter an, lesen die Namen und Orte. Es sind »Vermisste«. Keiner weiß, was mit ihnen geschehen ist. Sind sie Opfer eines Massakers geworden oder von den Serben verschleppt worden? Mit diesen Fotos flehen die Familien um Gewissheit. Am häufigsten ist der Ortsname Gjakovë vertreten.

Wir überreden den Onkel, uns nach Gjakovë zu fahren. Wir tanken teures Benzin an einer »Tankstelle unseres Vertrauens«, um sicherzugehen, dass es nicht mit Wasser vermischt ist. Der Weg ist weit, die Stadt liegt in der Nähe der albanischen Grenze. Der Onkel spricht etwas Deutsch. Vor Jahren hat er in Deutschland gearbeitet. Als seine Mutter krank wurde und im Sterben lag, ist er zurückgekehrt. Danach waren die Grenzen geschlossen. Er sagt, zwei Drittel aller Kosovo-Albaner haben damals in Deutschland gearbeitet und das Geld nach Hause zu ihren Familien geschickt. Das hat das »Traumland« Jugoslawien am Leben gehalten.

Gjakovë ist eine schöne Stadt. Vor den Häusern wachsen Zitronenbäume, und über den Terrassen ranken Weinreben.

Wir parken und stehen mitten in der Stadt. Und nun? Wir sehen uns an. Haben wir gedacht, jemand würde uns auf der Straße ansprechen und fragen: »Darf ich Sie zu einer Familie bringen, die ihre Angehörigen sucht?«

Wir laufen durch die Straßen, und während wir noch auf eine Idee hoffen, hilft uns der Zufall. Wir stehen vor dem Büro der PKK. Wenn es offiziell an der Tür steht, kann man auch hineingehen. Wir lassen den Onkel erklären, weshalb wir gekommen sind. Der alte Mann hinter dem Schreibtisch mustert uns einige Minuten, dann schreibt er eine Adresse auf einen Zettel. Es ist ein anderes Büro der PKK, die Hauptverwaltung. Auf dem Weg sehen wir in einem Innenhof ein Denkmal der UÇK. Eine Steinsäule, an der ein Metallrahmen Flügel markiert. Die Federn sind angeschweißte Maschinengewehre. Ein metallschwerer Ikarus. In der Hauptverwaltung werden wir angewiesen, im Foyer zu warten. Es herrscht ein Kommen und Gehen. Ich spüre die prüfenden Blicke. Nach einer Stunde haben wir die Gesichtskontrolle bestanden und werden in ein Büro gerufen. Ich sehe direkt auf einen Wandfries, eine Intarsienarbeit. Der Raum erinnert mich an das Standesamt, in dem ich geheiratet habe, hinter der Standesbeamtin hing damals ein großes Wandbild mit Mutter, Vater, Kind, Traktor und Friedenstaube. Der Sozialismus lebt, denke ich. Wir sitzen vor einem Tribunal von vier Parteimitgliedern. Der Onkel übersetzt für uns, und wir lächeln freundlich. Keine Regung in den Gesichtern auf der anderen Seite. Doch dann, nach einem Wechselspiel von Fragen und Antworten, wird uns mitgeteilt, dass wir eine Frau sprechen dürfen, deren Mann und Söhne von den Serben »abgeholt« wurden. Ein PKK-Mann begleitet uns durch die Stadt.

Die Frau sitzt vor mir auf dem Sofa. Sie hält in jeder Hand ein Taschentuch. An den Wänden hängen gerahmte Fotografien. Das Hochzeitsbild, die Bilder der Söhne, die Erinnerungen an ihr Heranwachsen.

Die Frau beginnt stockend zu sprechen. Es ist ein Phänomen, sie spricht in einer fremden Sprache, und ich fühle, was sie sagt. Es ist ein Monolog der Verzweiflung. Auch hier waren es die Nachbarn gewesen. Wenn die Frau die Namen ihrer Söhne nennt, bricht ihre Stimme, und sie muss weinen. Der Onkel hat seine Armbanduhr vom Arm genommen. Er dreht das Metallarmband zwischen seinen Fingern. Glied für Glied, wie einen Rosenkranz. Auch der PKK-Mann leidet mit. Er ringt seine Hände, er reibt sie aneinander, knetet sie. Die Frau redet fast eine Stunde, manchmal schweigt sie und muss sich die Nase putzen.

»Es gibt nichts Schlimmeres für eine Mutter, als so etwas zu erleben.« Sie erinnert sich minutiös. Am 27. März 1999 um 12 Uhr kommt die serbische Polizei. Zwei Polizisten stürmen durch die Haustür, zwei durch den Kellereingang. Im Wohnzimmer haben sich die Familie, Verwandte und Nachbarn versammelt. Halim, ihr Mann, wahrt die Höflichkeit und stellt den Polizisten alle namentlich vor. Die Serben wollen Kaffee trinken. Im Souterrain befindet sich der »Laden« der Familie, ein kleiner Imbiss, in dem es Getränke und einige selbst gekochte Gerichte gibt. Die serbischen Polizisten lassen sich Kaffee kochen. Dann wollen sie *Rakia,* doch es gibt keinen

Alkohol im Haus. Sie sind wütend und nehmen der Familie die Pässe weg. Dann schließen sie alle im Wohnzimmer ein. Halim versucht, mit den Serben zu reden, die er mit Namen kennt, weil sie schon oft in seinem Imbiss gegessen haben. Er möchte den Schlüssel zum Keller, um Brot zu backen. Doch die Familie muss im Wohnzimmer bleiben. Die Serben verlassen das Haus, um kurz darauf noch einmal zurückzukehren, jetzt mit Wollmützen maskiert. Doch alle erkennen die Stimmen. Die Serben nehmen Halim und die beiden ältesten Söhne mit. Als sie zum letzten Mal ins Haus kommen, fordern sie den Schmuck von den Frauen und das Bargeld. Dann führen sie alle anderen Männer ab. Auch den vierzehnjährigen Mondi. »Verschwindet nach Albanien!«, rufen sie den Frauen zu.

Zwei Monate wartet die Frau vergeblich auf ihren Mann und ihre Söhne, dann sucht sie zusammen mit ihrem Schwager nach dem serbischen Anführer. Er wohnt nur wenige Kilometer entfernt. Er bittet den Besuch in sein Haus, bietet ihnen Kaffee an. Sie lehnen ab. Sie wollen nur eines wissen: Wo sind die Männer und Jungen geblieben? Sie bieten ihm als Gegenleistung für die Information das Auto der Familie an, einen Opel Corsa. Doch Dragan, der Serbe, weiß von nichts.

Zwei tote Söhne hat das Rote Kreuz in der Zwischenzeit identifizieren können, von zwei weiteren wurde die Kleidung gefunden. Von dem Vater und den Schwiegersöhnen fehlt jede Spur. »Ich hoffe, dass wir sie eines Tages finden werden«, sagt sie. »Der Mensch ist stärker als ein Stein.«

Zurück in Pristina, suche ich an dem »Zaun der Vermissten« nach dem Foto von Halim. Ich finde es. Er blickt ernst in die Kamera. Ein Mann im Anzug mit Krawatte, der aussieht wie der Hauptbuchhalter aus einem Baukombinat.

Pristina ist erfüllt vom Brummen der Notstromaggregate. Es ist das Geräusch, das die Stadt beherrscht und anzeigt, wo »der Reichtum« wohnt. In Banken, Restaurants und in Supermärkten. Als wir uns von Agim und Buletin in einem Supermarkt die Lebensmittelpreise erklären lassen wollen und unser Mikrofon auspacken, erscheinen sofort zwei Männer vom Wachdienst. Unmissverständlich werden wir vor die Tür gewiesen und bekommen Hausverbot.

Das Haus, in dem Agim und Buletin wohnen, steht direkt neben einem Bahnübergang. Ein schmaler Weg führt an den Bahnschienen entlang zur Haustür. Seit vielen Jahren ist auf dieser Strecke kein Zug mehr gefahren. In der oberen Etage gibt es einen schönen hellen Raum. Doch der erste Eindruck trügt. Die Wände sind nicht gedämmt und die Fenster nur einfach verglast. Im Sommer ist es hier unerträglich heiß und im Winter zu kalt, denn es gibt keine Heizung. Dann ziehen sich die beiden Jungen in ein kleines Zimmer im Erdgeschoss zurück. Der fensterlose Raum, in dem sie dann leben, ist etwa sechs Quadratmeter groß. Darin stehen zwei Sofas und ein Tisch. An der Wand hängt eine große Uhr, die laut tickt. Wenn es kalt wird, heizen sie mit einem Ölradiator, vorausgesetzt, es gibt Strom. Bei Stromausfall liegen die beiden im Dunkeln, in Wolldecken gehüllt, auf dem Sofa und hören, wie die Zeit vergeht.

»Wir müssen uns zudecken und eine warme Jacke anziehen und warten, bis wieder Strom da ist. Wir zünden zwei, drei Kerzen an und versuchen zu lesen.«

Auf dem Tisch liegen der *Spiegel* und der *Stern*, Zeitschriften, die sie aus Markkleeberg geschickt bekommen.

»Ich kann mich beim Lesen nicht konzentrieren«, sagt Agim, »weil meine Gedanken immer wieder nach Deutschland gehen. Ich zeige das nicht gegenüber meinem Bruder. Ich will nicht, dass er auch traurig ist. Es ist nur innerlich. Ich versuche, es selbst zu verarbeiten. Ich denke immer, wie es sein könnte, wenn das nicht passiert wäre. Wie das Leben in Markkleeberg weitergegangen wäre. Ich versuche eine Erklärung zu finden, warum das geschehen konnte, aber ich finde keine.«

Buletin weint. Ich möchte ihn trösten, doch ich weiß nicht, was ich ihm sagen soll, ohne dass ich lügen müsste.

Wir sitzen und schweigen, nur die Uhr tickt.

»Man hat mir das Leben weggenommen«, sagt Buletin, als müsse er sich für seine Tränen entschuldigen.


## NACHTRAG:

Als ich nach zehn Tagen zurück in das »Königreich Markkleeberg« kam, war ich wütend. Auf die deutschen Gesetze, auf die deutschen Behörden, aber vor allem war es eine Wut, die sich gegen mich selbst richtete, weil ich meine Hilflosigkeit nicht ertrug.

Die Gesetze waren eindeutig. Eine Abschiebung war eine Zwangsmaßnahme. Wer einmal abgeschoben war, durfte die Bundesrepublik nie wieder betreten.

Ich wollte das nicht hinnehmen und schrieb, in der Nacht nach meiner Ankunft, eine E-Mail nach Brüssel. Ich schrieb an eine Abgeordnete im Europäischen Parlament, deren Namen ich in der Zeitung gelesen hatte.

Am nächsten Tag bekam ich Antwort. Sie versprach Hilfe. Sie hatte zwei Jahre lang als Bürgermeisterin im Kosovo gearbeitet, sie kannte das Land, und sie kannte auch den Fall der beiden Jungen. Sie plädierte auf »humanitäre Gründe«. Über mehrere Monate mühten sich alle gemeinsam, die Politikerin, der Anwalt, die Markkleeberger Freunde, die Familie, die Betreuerin der Caritas, der Bürgermeister, und erreichten, dass Agim und Buletin einen Antrag auf Familienzusammenführung im deutschen Konsulat in Pristina stellen durften. Als Voraussetzung für die Bearbeitung in Deutschland wurden den beiden Jungen die Kosten für die Abschiebung in Rechnung gestellt. Der Polizeieinsatz, der Transport zum Flughafen in einer Einzelzelle, der Flug mit gefesselten Händen kosteten für beide insgesamt zweitausendfünfhundert Euro.

Es waren Monate voller Bangen und voller Hoffnung. Letztendlich vergebens. Der Antrag wurde abgelehnt.

Wieder sind drei Jahre vergangen. Seit nunmehr sieben Jahren warten die beiden Jungen in Pristina darauf, dass sie endlich wieder im Königreich Markkleeberg Einlass finden.

Alle verwendeten Zitate sind Bestandteil einer umfangreichen Originalton-Recherche.

# INHALT

Traumland     5

Santo subito     7

Wie ich beinahe Paul Auster
traf und stattdessen den
Dackel Waldtraut küsste     48

Königreich Markkleeberg     145

Originalausgabe
1. Auflage
© by Arche Literatur Verlag AG, Zürich–Hamburg, 2011
Alle Rechte vorbehalten

Umschlagmotiv: © Michael Fischer-Art
Satz: Greiner & Reichel, Köln
Druck und Bindung: GGP Media GmbH, Pößneck
Printed in Germany
ISBN 978-3-7160-2657-1


www.arche-verlag.com

**ARCHE PARADIES**

Herausgegeben
von Denis Scheck

*Autoren aus aller Welt erzählen*
*vom Sinn der Sinnlichkeit:*

Kathrin Aehnlich, Herman Bang,
Richard F. Burton, Albert Camus,
Anthony Capella, T Cooper,
Liane Dirks, Stephen Elliott,
Idwal Jones, Joachim Kersten,
Paul Klee, Sabine Küchler,
Klaus Mann, Anka Muhlstein,
Marie NDiaye, Pablo Picasso,
Fritz J. Raddatz, Jürgen Ritte,
Sybil Gräfin Schönfeldt, Friedrich Sieburg,
Ilija Trojanow, David Foster Wallace